ENTRAÎNEZ-V(

GRAMMAIRE

Exercices niveau grand débutant

Évelyne SIREJOLS   Giovanna TEMPESTA

CLE
international

27, rue de la Glacière – 75013 PARIS
Vente aux enseignants: 16, rue Monsieur-le-Prince – 75006 PARIS

Édition : Françoise Lepage
Composition et maquette : Joseph Dorly

SOMMAIRE

Avant-propos

Ce cahier s'adresse à un **public de niveau grand débutant** en français ; il a pour objectif **le réemploi et l'ancrage de structures grammaticales simples**, préalablement étudiées : les exercices proposés doivent permettre à l'apprenant dé fixer ses acquisitions par le maniement des formes syntaxiques. Complément des méthodes, il offre un véritable entraînement grammatical dès le début de l'apprentissage.

Les douze chapitres de cet ouvrage, introduits par un proverbe ou un dicton, couvrent les faits de langue les plus fréquemment étudiés à ce niveau d'apprentissage, avec une organisation semblable à celle des méthodes actuelles qui mettent en relation besoins langagiers de la communication quotidienne et progression grammaticale.

Conçus pour des étudiants de 1re année, les exercices sont **faciles d'accès** ; les énoncés sont brefs, sans pour autant être éloignés des réalisations langagières authentiques.

Les exercices sont présentés de **façon claire**, accompagnés d'exemples, évitant ainsi l'introduction d'un métalangage avec lequel l'apprenant est peu familiarisé. Les exercices sont généralement composés de dix phrases, ce qui simplifie dans une classe l'évaluation des connaissances.

Chaque aspect grammatical est présenté à travers une **variété d'exercices** à difficulté progressive ; **leur typologie est connue des apprenants** : exercices à trous, exercices à choix multiple, exercices de transformation et de mise en relation.

Un bilan, plus souple dans sa présentation que les exercices, termine chaque thème, mettant en scène les différents aspects grammaticaux étudiés dans le chapitre. Il permet d'évaluer le degré d'acquisition de la difficulté grammaticale abordée et, si nécessaire, de retravailler les points encore mal acquis.

La conception pédagogique de chaque activité veut amener l'apprenant **à réfléchir sur chaque énoncé**, tant du point de vue syntaxique que du point de vue sémantique. Les exercices dont les réponses sont nécessairement dirigées n'impliquent pas pour autant un travail automatique sans réflexion sur les faits de langue étudiés.

Afin de faciliter **l'entraînement des apprenants autonomes**, chaque exercice trouve sa correction, ou les différentes formes acceptables, dans la partie **Corrigés**, à la fin de l'ouvrage.

L'index devrait également faciliter l'utilisation de ce cahier ; grâce aux multiples renvois à l'intérieur des chapitres, il permet d'avoir accès à une difficulté grammaticale particulière ne figurant pas dans le sommaire.

Ce cahier devrait ainsi apporter à l'étudiant une maîtrise initiale de la langue en lui donnant l'occasion d'affiner sa compétence linguistique... et par là même sa compétence de communication en français.

I. LE PRÉSENT : ÊTRE – AVOIR
VERBES EN -ER

LES CHIENS ABOIENT, LA CARAVANE PASSE.

1 **Complétez par le verbe *être* au présent.**

✓ Exemple : Je *suis* à Paris.

a. Elle .... espagnole.

b. Vous n'..................... pas étudiante.

c. Je .... Mme Dubois.

d. Ils .... argentins.

e. Tu .... heureux.

f. Nous ne .... pas en retard.

g. Ils .... absents.

h. On n'..................... pas en vacances.

i. Vous .... à New-York ?

j. Tu n'..................... pas chez toi ?

2 **Associez les éléments pour faire des phrases (plusieurs possibilités).**

✓ Exemple : Tu n'es pas danois ?

a. Tu

b. Nous

c. Elles

d. On

e. Vous

f. Je

g. Il

h. Elle

i. Ils

j. Pierre

1. sont à l'hôtel.

2. es prêt dans cinq minutes ?

3. n'êtes pas fatigués.

4. est au café.

5. ne suis pas en avance.

6. sont à Londres.

7. n'es pas danois ?

8. sommes en Auvergne.

9. n'est pas d'accord avec moi.

10. est très belle aujourd'hui.

3 **Complétez par le pronom sujet qui convient (plusieurs réponses possibles).**

✓ Exemple : *Elle / Il / On* est chez Hélène.

a. .... sont tunisiennes.

b. .... n'est pas bien.

c. .... sommes heureux.

d. .... es au restaurant.

e. .... suis chez moi.

f. .... n'est pas au bureau.

g. .... n'êtes pas en Italie ?

h. ....est allemand.

i. ....suis à l'université.

j. ....sont étudiants en français.

4 Reliez les éléments pour faire des phrases (plusieurs possibilités).

✓ Exemple : Tu n'as pas 25 ans.

a. Tu	1. avons un grand studio.
b. J'	2. a un livre intéressant.
c. Nous	3. n'ont pas beaucoup de temps libre.
d. Elles	4. a raison.
e. On	5. ai une nouvelle voiture.
f. Vous	6. as des amis sympathiques.
g. Il	7. ont de la chance.
h. Elle	8. n'as pas 25 ans.
i. Ils	9. a faim.
j. Sylvie	10. avez une très jolie robe.

5 Complétez par le verbe *avoir* au présent.

✓ Exemple : J'*ai* froid aux mains.

a. Vous ....l'heure ?

b. Nous n'.....................pas le plan de Paris.

c. Il ....soif.

d. Tu ....peur la nuit ?

e. Elles ....du travail.

f. Vous n'.....................pas envie d'aller au cinéma ?

g. J'.....................19 ans.

h. Ils ....le droit de venir.

i. On n'.....................pas rendez-vous à midi.

j. Nous ....des bagages.

6 Complétez par le pronom qui convient (plusieurs possibilités).

✓ Exemple : *Vous* avez des frères et sœurs ?

a. ....ont de la famille en France.

b. ....ai de la monnaie.

c. ....a besoin d'un stylo.

d. ....avez le temps de boire un café ?

e. ....ont des voisins agréables.

f. ....avons une grande chambre.

g. ....as sommeil ?

h. ....ont mon numéro de téléphone ?

i. ....ai une petite moto.

j. ....a un dictionnaire bilingue.

7 **Complétez par *a* ou *est*.**

✓ Exemples : Il *a* un ami italien.
   Elle *est* en Angleterre.

a. On......................un petit chien.

b. Hélène......................pharmacienne.

c. Elle......................souvent froid.

d. Jean......................32 ans.

e. Mme Dubois......................une nouvelle secrétaire.

f. Il......................8 heures du matin.

g. Nicolas......................brun.

h. Mon frère......................trois enfants.

i. La directrice......................jeune.

j. On......................une semaine de vacances.

8 **Complétez par *as* ou *es*.**

✓ Exemples : Tu *es* en colère.
   Tu *as* du courage.

a. Tu......................à Lyon ?

b. Tu......................blonde.

c. Tu......................de l'argent ?

d. Tu......................des amis à Grenoble ?

e. Tu......................jolie.

f. Tu......................marié ?

g. Tu......................un appartement agréable.

h. Tu......................de la famille ici ?

i. Tu......................française ?

j. Tu......................de l'humour.

9 **Complétez par *ont* ou *sont*.**

✓ Exemples : Mes frères *sont* à Lille.
   Ils *ont* un bateau.

a. M. et Mme Boyé......................à la retraite.

b. Ils......................une maison dans le Sud.

c. Ils......................très heureux.

d. Ils......................beaucoup de petits-enfants.

e. Les étudiants......................des cours tous les jours.

f. Les professeurs......................dynamiques.

g. Ils......................de bons livres.

h. Ils......................contents de l'école.

i. Mes amies......................de la chance.

j. Elles......................de bons résultats.

10 **Complétez par le verbe entre parenthèses au présent.**

✓ Exemple : (étudier) Vous *étudiez* le français.

a. (acheter) J'.....................des magazines.

b. (travailler) Les voisins.....................en banlieue.

c. (voyager) Cet été, vous.....................en Europe ?

d. (habiter) On.....................3, rue de Longchamp.

e. (regarder) Tu.....................souvent la télévision ?

f. (aller) Nous.....................à l'université.

g. (jouer) Martin.....................au basket.

h. (écouter) J'.....................la radio tous les matins.

i. (dîner) Ils.....................ensemble samedi soir.

j. (rentrer) Vous.....................tard !

11 **Complétez par le pronom qui convient (plusieurs réponses possibles).**

✓ Exemple : *Ils / Elles* aiment le cinéma.

a. ....parlez russe ?

b. ....arrête de fumer demain.

c. ....déménageons la semaine prochaine.

d. ....commence à manger.

e. ....adores le rock !

f. ....préférons la mer.

g. ....déjeunes à midi ?

h. ....invite des amis dimanche.

i. ....marchez très vite !

j. ....déteste le fromage !

12 **Associez les éléments pour faire des phrases (plusieurs possibilités parfois).**

✓ Exemple : Nous visitons la Bretagne.

a. Nous	1. crient très fort.
b. Je	2. visitons la Bretagne.
c. On	3. pense que c'est bien.
d. Ils	4. travaille beaucoup.
e. J'	5. allons au théâtre.
f. Tu	6. adore le champagne.
g. Vous	7. composons le numéro de téléphone.
h. Elles	8. rentrez de bonne heure.
i. Il	9. commence à comprendre.
j. Paul	10. appelles Hélène.

13 **Mettez les phrases suivantes au pluriel.**

✓ Exemples : Tu appuies sur la sonnette. ♦ *Vous appuyez* sur la sonnette.
J'aménage la cuisine. ♦ *Nous aménageons* la cuisine.

a. Elle achète le journal.

b. Tu essuies la vaisselle.

c. Tu manges très tard !

d. Je déménage cette semaine.

e. Je bouge le bras.

f. Elle nettoie la table.

g. Je voyage en Afrique.

h. Tu changes de l'argent.

i. J'appelle la voisine.

j. Tu ranges ces livres ?

14 **Associez les pronoms et les verbes (plusieurs réponses possibles).**

✓ Exemple : Nous déménageons le mois prochain.

a. Nous	1. jettent des vieux vêtements.
b. Ils	2. commence à travailler.
c. Vous	3. appelle mes parents.
d. Je	4. achète *Libération*.
e. On	5. appuyez sur le bouton.
f. Elles	6. nettoies la chambre.
g. J'	7. déménageons le mois prochain.
h. Il	8. envoient des cartes postales.
i. Elle	9. s'ennuie souvent.
j. Tu	10. mange trop de chocolat.

15 **Écrivez le verbe entre parenthèses au présent.**

✓ Exemple : (payer) Elle *paie* l'addition.

a. (vouvoyer) Je......................mes beaux-parents.

b. (voyager) Nous......................tous les ans en France.

c. (envoyer) Tu......................ce chèque.

d. (essayer) Elles......................leur nouvelle voiture.

e. (acheter) Vous......................beaucoup de disques.

f. (emmener) On......................les enfants au jardin du Luxembourg.

g. (épeler) Ils......................leur nom de famille.

h. (commencer) Nous......................cet exercice.

i. (répéter) Je......................la bonne réponse.

j. (déranger) Nous......................souvent les voisins.

16 **Reliez les mots qui vont ensemble (plusieurs possibilités parfois).**

✓ Exemple : Nous nous reposons le week-end.

a. Nous	1. se lève à 8 heures ?
b. Sophie	2. s'excusent de ce retard.
c. Je	3. vous inquiétez pour rien.
d. On	4. t'essuies les mains.
e. Jean et Catherine	5. nous reposons le week-end.
f. Tu	6. se maquillent trop.
g. Vous	7. se couchent beaucoup trop tard.
h. Elles	8. m'appelle Joseph Vallet.
i. Il	9. se baigne tous les jours.
j. Les cousines de Pierre	10. s'ennuie à la campagne.

17 **Écrivez le verbe à la forme qui convient.**

✓ Exemple : (vouvoyer) Nous *nous vouvoyons* depuis toujours.

a. (se rencontrer) Vous......................souvent ?

b. (se tutoyer) Ils......................?

c. (se téléphoner) Vous......................chaque semaine ?

d. (se retrouver) On......................place Saint-Michel ?

e. (s'appeler) Nous......................mercredi soir.

f. (s'aimer) Vous......................comme des fous.

g. (se marier) Ils......................l'an prochain ?

h. (se parler) Elles......................très peu.

i. (s'échanger) Nous......................nos adresses.

j. (se donner) On......................rendez-vous à midi.

18 Mettez le verbe entre parenthèses au présent.

– Bonjour, mademoiselle

– Voilà, je (téléphoner)........................(1)pour la petite annonce.

– Oui, vous (être)....................(2) mannequin ?

– Oui, je (travailler).................... (3) pour plusieurs magazines.

– Vous (pouvoir) .... (4) me parler de vous ?

– Je (mesurer) .... (5) 1m70, j'(avoir) .... (6) 19 ans ; mes cheveux (être)....................(7) blonds et très courts.

– Attendez, vous (avoir)....................(8) l'habitude de présenter des maillots de bain ?

– Bien sûr, ça m'(arriver)....................(9) souvent.

– Alors, je vous (donner)....................(10) rendez-vous jeudi matin à 10h 30. Vous (avoir)....................(11) l'adresse de l'agence, je (penser)...(12) ?

– Tout à fait. Je vous (remercier)....................(13). Bonne journée !

– Au revoir, mademoiselle euh ! Comment vous (appeler) ....(14)-vous ?

– Je m'(appeler)....................(15) Pauline Mercier. Au revoir, madame.

II. LES PRONOMS PERSONNELS SUJETS ET LES PRÉSENTATIFS

ON RECONNAÎT L'ARBRE À SES FRUITS.

A. Les pronoms personnels sujets

19 **Rayez le pronom inexact.**

✓ Exemple : J̶'̶ / **Je** vais au cinéma.

a. J' / Je habite à Naples.
b. J' / Je suis médecin.
c. J' / Je arrive demain.
d. J' / Je parle anglais.
e. J' / Je m'appelle Jeanine Lainé.

f. J' / Je aime danser.
g. J' / Je habille le bébé.
h. J' / Je visite Paris.
i. J' / Je connais le professeur.
j. J' / Je travaille dans un bureau.

20 **Complétez par *je*, *j'* ou *tu*.**

✓ Exemple : Toi, ***tu*** connais l'adresse, et moi ***je*** connais le numéro de téléphone.

a. .... m'appelle Dominique, et toi comment t'appelles-......................... ?
b. .... es américain ? Moi, ... suis anglais.
c. .... habites à Rome et moi, ... habite à Paris.
d. .... t'appelles Patrick ? Moi, ... m'appelle Julien.
e. .... habite rue des Canettes et toi, où .... habites ?
f. .... as 20 ans, moi .... ai 25 ans.
g. .... suis célibataire et toi, ... es marié ?
h. .... travaille dans une banque et toi, où .... travailles ?
i. .... parles français et moi, ... parle arabe.
j. .... ai un frère et toi, ... as une sœur ?

21 **Complétez par *il* ou *elle*.**

✓ Exemple : ***Il*** est danseur et ***elle*** est comédienne.

a. .... s'appelle Marie, ... est étudiante.
b. .... est française, ... habite à Marseille.
c. .... connaît Marie-Hélène, ... est chinoise.
d. .... parle français, ... est marocain.
e. .... est japonais et .... est très beau.

f. ....a 35 ans, ...est pharmacienne.

g. ....s'appelle Franck,......................a deux sœurs.

h. ....est actrice et ....est musicien.

i. ....habite à Berlin,......................est allemande.

j. ....est espagnol et......................est argentine.

22 Complétez par *il* ou *elle*.

✓ Exemple : *Il* a une amie ? Non, *il* est seul.

a. ....s'appelle Dominique ? Non,......................s'appelle François.

b. ....est belge ? Non,......................est canadienne.

c. ....a quarante ans ? Non,......................est plus vieux.

d. ....habite à Bordeaux. Non,......................est marseillaise.

e. ....travaille ? Oui,......................est content.

f. ....est journaliste ? Non,......................est danseuse.

g. ....vit en France ? Oui,......................est lyonnais.

h. ....aime les pizzas ? Oui,......................est italien.

i. ....est professeur ? Non,......................est étudiante.

j. ....connaît la Géode ? Oui,......................est parisien.

23 Tutoyez.

✓ Exemple : Vous voyez la place là-bas ? ▶ *Tu vois* la place là-bas ?

a. Vous êtes américain ?

b. Vous habitez à Paris ?

c. Vous êtes à l'hôtel ?

d. Vous parlez français ?

e. Vous avez soif ?

f. Vous connaissez la ville ?

g. Vous restez ici un mois ?

h. Vous voulez un café ?

i. Vous vous appelez Jean-Jacques ?

j. Vous aimez le cinéma ?

24 Vouvoyez.

✓ Exemple : Tu montes à cheval ? ▶ *Vous montez* à cheval ?

a. Tu fais du vélo ?

b. Tu viens en métro ?

c. Tu prends l'avion ?

d. Tu voyages en train ?

e. Tu attends le bus ?

f. Tu as un ticket de métro ?

g. Tu aimes le bateau ?

h. Tu es à moto ?

i. Tu habites sur un bateau ?

j. Tu appelles un taxi ?

25 Tutoyez ou vouvoyez ?

✓ Exemple : *Vous* avez du feu ?

a. ....habitez chez vos parents ?

b. ....veux boire quelque chose ?

c. ....connaissez Mme Léger ?

d. .... désirez ?

e. .... voulez bien ouvrir la fenêtre, s'il vous plaît ?

f. .... fais quelque chose de spécial dimanche ?

g. .... voulez danser ?

h. .... as une cigarette ?

i. .... es libre demain ?

j. .... dînez avec moi, ce soir ?

26 Complétez par *on* ou *nous*.

✓ Exemple : Vous courez, pourquoi ? ▶ – *On* est en retard.

a. Vous travaillez à la poste ? – Non, ... travaille à la SNCF.

b. Vous aimez la cuisine française ? – Oui, mais .... préfère la cuisine italienne.

c. Vous êtes portugais ? – Non, ... sommes brésiliens.

d. Vous connaissez le chanteur Claude Nougaro ? – Oui, ... l'aime beaucoup.

e. Vous venez dîner demain ? – D'accord, ... venons à 20 heures.

f. Vous dansez à l'Opéra Bastille ? – Non, ... dansons à l'Opéra Garnier.

g. Vous avez froid ? – Non, ... a chaud.

h. Vous sortez ce soir ? – Oui, ... allons au théâtre.

i. Vous regardez la télévision ? – Non, ... écoute de la musique.

j. Vous voulez manger ? – Oui, ... avons faim !

27 Rayez les pronoms qui ne conviennent pas.

✓ Exemple : Vous regardez la télévision ? ▶ Non, ~~je~~ / ~~on~~ / *nous* détestons la télévision.

a. Vous lisez le journal ? Oui, je / on / nous lis *Le Monde*.

b. Vous écoutez la radio ? Oui, je / on / nous écoutons *France Inter*.

c. Vous regardez des vidéos ? Oui, je / on / nous a un magnétoscope.

d. Vous achetez des magazines ? Oui, je / on / nous achetons *Le Nouvel Observateur*.

e. Vous faites de la radio ? Oui, je / on / nous suis journaliste.

f. Vous aimez la chaîne TF1 ? Non, je / on / nous préférons France 2.

g. Vous êtes journaliste ? Oui, je / on / nous fais des reportages.

h. Vous lisez des romans ? Oui, je / on / nous lit des romans policiers.

i. Vous êtes journalistes sportifs ? Non, je / on / nous écrit dans *Le Figaro*.

j. Vous avez le câble ? Oui, je / on / nous a 24 chaînes.

28 Remplacez les prénoms par *il, elle, ils* ou *elles*.

✓ Exemple : Sophie est belle ? ▶ Non, *elle* est laide.

a. Patrick est petit ? Non, ... est grand.

b. Philippe et Thomas sont beaux ? Non, ... sont laids.

c. Patricia est grosse ? Non, ... est mince.

d. Marc est sympathique ? Non, ... est antipathique.

e. Nicolas et Franck sont vieux ? Non, ... sont jeunes.

f. Danielle est contente ? Non, ... est triste.

g. Pascale et Nathalie sont françaises ? Non,..................... sont canadiennes.

h. Anne et Pierre sont blonds ? Non,..................... sont bruns.

i. Bernard est gentil ? Non,..................... est méchant.

j. Valérie et Sylvie sont intelligentes ? Non,..................... sont bêtes.

29 Associez les pronoms au reste de la phrase (plusieurs possibilités).

✓ Exemple : Je suis désolé.

a. Je
b. J'
c. Tu
d. Il
e. Elle
f. On
g. Nous
h. Vous
i. Ils
j. Elles

1. arrivons à 8 heures.
2. parles français.
3. est 9 h 10.
4. avez l'heure ?
5. connaissent la nouvelle ?
6. appelle le médecin ?
7. suis désolé.
8. fait beau aujourd'hui !
9. habite en Normandie.
10. s'appelle Marie.

B. Les présentatifs : c'est, il y a

30 Complétez par c'est ou il est, à propos d'une personne.

✓ Exemple : C'est un professeur.

a. .... un Turc.
b. .... journaliste.
c. .... catholique.
d. .... un Américain.
e. .... socialiste.
f. .... une amie.
g. .... mexicain.
h. .... un skieur.
i. .... sympathique.
j. .... une danseuse.

31 Complétez par c'est ou il est.

✓ Exemple : Le tourisme, c'est intéressant.

a. Marc revient de Sicile ; .... bronzé.
b. La montagne,..................... agréable toute l'année.

c. Il visite Paris,...................... amoureux de la France.

d. Les voyages,...................... un plaisir.

e. La mer,...................... bien l'été.

f. La neige,...................... la joie des enfants.

g. Dominique fait le tour du monde,...................... heureux.

h. Les vacances,...................... un moment important.

i. Il part en Espagne,...................... content.

j. La campagne,...................... reposant le week-end.

32 Associez les phrases qui vont ensemble (plusieurs possibilités).

✓ Exemple : C'est un ami sympathique. ▶ Il est gentil mais un peu nerveux.

a. C'est un ami sympathique.

b. C'est un appartement
   sur la Côte d'Azur.

c. C'est un écrivain du XIXe siècle.

d. C'est un petit pays.

e. C'est un nouveau film.

f. C'est un métier difficile.

g. C'est un professeur intelligent.

h. C'est un beau livre.

i. C'est un bon restaurant.

j. C'est un bel homme.

1. Il est exotique mais il est loin de la France.

2. Il est intéressant mais fatigant.

3. Il est grand mais il est un peu gros.

4. Il est gentil mais un peu nerveux.

5. Il est passionnant mais il est sévère.

6. Il est petit mais il est ensoleillé.

7. Il est bien écrit mais il est difficile.

8. Il est célèbre en France mais inconnu en Europe.

9. Il est bon mais il est cher.

10. Il est drôle mais il est trop long.

33 Associez les phrases pour deviner le métier de ces personnes.

✓ Exemple : Il fait du sport tous les jours. ▶ C'est un boxeur.

a. Il fait du sport tous les jours.

b. Le Clézio écrit des romans.

c. Evelyne soigne les malades.

d. Robert va à l'usine du lundi au vendredi.

e. M. Martin fait du pain tous les matins.

f. Luc Besson fait des films.

g. Murielle étudie à l'université.

h. Il écrit dans un journal.

i. Jean-Jacques travaille dans une école.

j. Christine coupe les cheveux

1. C'est une étudiante.

2. C'est un journaliste.

3. C'est une infirmière.

4. C'est un cinéaste.

5. C'est un professeur.

6. C'est un ouvrier.

7. C'est une coiffeuse.

8. C'est un écrivain.

9. C'est un boxeur.

10. C'est un boulanger.

34 C'est ou Il est ? Devinez qui c'est.

✓ Exemple : **C'est** un homme de théâtre ? ▶ Oui, *il est* comédien.

a. .... une femme ? Non,...................... un homme.

b. .... un étranger ? Non,...................... français.

c. .... un homme jeune ? Non,...................... un peu âgé.

d. .... beau ? Oui,...................... un bel homme.

e. .... grand ? Non,..................... moyen.

f. .... blond ? Non,..................... brun.

g. .... un artiste ? Oui,..................... très célèbre.

h. .... acteur ? Oui,..................... un acteur très connu et
.... aussi parfumeur.

i. .... père de trois enfants ? Oui,..................... père.

j. .... Alain Delon.

35 Mettez les phrases suivantes au singulier ou au pluriel.

✓ Exemple : Ce sont des voitures, ce sont des Citroën.
▶ *C'est une* voiture, *c'est une* Citroën.

a. C'est un livre, c'est un roman.

b. Ce sont des fleurs, ce sont des roses.

c. C'est un cadeau, c'est un jouet.

d. C'est une musicienne, c'est une violoniste.

e. Ce sont des artistes, ce sont des danseurs.

f. Ce sont des meubles, ce sont des canapés.

g. C'est un dessert, c'est un gâteau.

h. Ce sont des vêtements, ce sont des pantalons.

i. C'est une entrée, c'est une salade.

j. Ce sont des sportifs, ce sont des cyclistes.

36 Complétez par *C'est* ou *Ce sont*.

✓ Exemple : *C'est* le fils de M. Renard.

a. .... les sœurs de Mme Léger.

b. .... le mari de Sylvie Aubert.

c. .... la fille des Dupont.

d. .... la femme du professeur.

e. .... le grand-père d'Olivier.

f. .... les grands-parents de Xavier.

g. .... l'enfant d'Anne.

h. .... les frères du directeur.

i. .... les parents de l'étudiant.

j. .... la mère du médecin.

37 Complétez par *C'est*, *Ce sont* / *il est*, *ils sont*.

✓ Exemple : *C'est* un théâtre moderne ? ▶ Oui, *il est* superbe.

a. .... un beau film ? Oui,..................... passionnant.

b. .... un bon livre ? Non,..................... ennuyeux.

c. .... des acteurs intéressants ? Oui,..................... formidables.

d. .... un chanteur d'opéra. Non,..................... pianiste.

e. .... un spectacle agréable. Oui,..................... très agréable.

f. .... des musiciens connus ? Oui,..................... très bons.

g. .... un ballet russe ? Oui,..................... extraordinaire.

h. .... un film italien ? Non,..................... espagnol.

i. .... des danseurs d'Afrique ? Oui,..................... magnifiques.

j. .... des artistes célèbres. Non,..................... inconnus.

38 Présentez ces personnages célèbres.

✓ Exemple : Je suis Modigliani, je suis peintre, je suis italien.
   ◆ *C'est* Modigliani, *il est* peintre, *il est* italien.

a. Je suis Tom Cruise, je suis acteur, je suis américain.

b. Nous sommes Pierre et Marie Curie, nous sommes savants, nous sommes français.

c. Je suis Pavarotti, je suis chanteur d'opéra, je suis italien.

d. Nous sommes Simone de Beauvoir et Jean-Paul Sartre, nous sommes écrivains, nous sommes français.

e. Je suis Carl Lewis, je suis sportif, je suis américain.

f. Je suis Chopin, je suis compositeur, je suis polonais.

g. Je suis Brigitte Bardot, je suis actrice, je suis française.

h. Nous sommes Caroline et Stéphanie de Monaco, nous sommes princesses, nous sommes monégasques.

i. Je suis Charlie Chaplin, je suis metteur en scène, je suis anglais.

j. Je suis Cindy Crawford, je suis mannequin, je suis américaine.

39 Associez les questions aux réponses.

✓ Exemple : Il y a du courrier pour moi ? ◆ Oui, vous avez deux lettres, M. Martin.

a. Il y a du courrier pour moi ?

b. Il y a un bon film ce soir ?

c. Il y a des places pour le concert ?

d. Il y a du sel ?

e. Il y a une table libre, s'il vous plaît ?

f. Il y a du vent ?

g. Qu'est-ce qu'il y a ? Ça ne va pas ?

h. Il y a du monde en août ?

i. Il y a beaucoup de soleil ?

j. Il y a des pommes ?

1. J'ai un peu mal à la tête.

2. Oui, il fait chaud toute l'année.

3. Oui, beaucoup. Réservez la chambre maintenant.

4. Oui, *Cyrano de Bergerac*.

5. Oui, mets un pull.

6. Oui, vous avez deux lettres, M. Martin.

7. Non, mais il reste des oranges.

8. Non, tout est vendu.

9. Bien sûr, il est à côté de vous.

10. Non, désolé, monsieur, tout est complet.

40 Transformez d'après le modèle.

✓ Exemple : L'Alhambra est en Espagne. ◆ En Espagne, il y a l'Alhambra.

a. La place Rouge est en Russie.

b. L'Etna est en Sicile.

c. Le Parthénon est en Grèce.

d. Les châteaux de la Loire sont en France.

e. La Grande Muraille est en Chine.

f. Les chutes du Niagara sont au Canada et aux États-Unis.

g. Le Taj Mahal est en Inde.

h. La basilique Saint-Pierre de Rome est en Italie.

i. Les pyramides sont en Égypte.

j. Le lac de Tibériade est en Israël.

41 Trouvez la question.

✓ Exemple : Il y a un supermarché par ici ? Oui, le supermarché est par ici.

a. Oui, la poste est dans cette rue.

b. Non, la banque n'est pas par là, mais par ici.

c. Oui, le marchand de journaux est par ici.

d. Non, la boulangerie n'est pas par ici, mais par là.

e. Oui, le cinéma est dans cette rue.

f. Oui, les magasins sont par ici.

g. Oui, la pharmacie est par là.

h. Oui, le restaurant mexicain est dans le quartier.

i. Non, le parking n'est pas dans cette rue.

j. Non, la piscine n'est pas dans le quartier.

42 **Complétez par les pronoms sujets ou les présentatifs.**

L'AGENCE DE VOYAGES

Le client : Bonjour madame, (1) .... voudrais un billet d'avion pour Nice. (2) .... sommes deux adultes et un enfant.

L'employée : Oui, pour quelle date ?

Le client : Le mardi 14 août.

L'employée : Quel âge a votre enfant ?

Le client : (3) .... a un an. C'est gratuit, je crois ?

L'employée : Oui, (4) .... est bien ça.

Le client : (5) .... souhaite partir vers 10 heures ; (6) .... est possible ?

L'employée : Oui, bien sûr. Et le retour ?

Le client : Le 1er septembre.

L'employée : Bien. Votre avion part à 10 heures 10 et (7) .... arrive à 11 heures à Nice-Côte d'Azur.

Le client : Ah ! (8) .... oublie pour le retour : ma femme et ma fille reviennent le 15 septembre.

L'employée : Donc, (9) .... partez le 1er et (10) .... partent le 15 ?

Le client : Oui.

L'employée : Dans ce cas, (11) .... avez un vol à 10h 20 ; arrivée à Orly à 11 h 15. Pour votre femme : départ 11 h 05, arrivée 11 h 50. (12) .... êtes monsieur ?

Le client : Durand. Claude Durand.

L'employée : Votre femme ?

Le client : Émilie Durand.

L'employée : Et votre fille s'appelle ?

Le client : (13) .... s'appelle Julie. Une dernière chose : est-ce qu' (14) .... y a des places fumeurs dans les vols intérieurs ?

L'employée : Ah ! non, monsieur ; (15) .... sont des places non-fumeurs.

20

III. MASCULIN / FÉMININ
SINGULIER / PLURIEL

LES PETITS RUISSEAUX FONT LES GRANDES RIVIÈRES.

A. Masculin / féminin

43 Soulignez les noms masculins de cette liste.

✓ Exemples : <u>père</u> – mère

a. sœur
b. oncle
c. neveu
d. cousine
e. tante

f. frère
g. grand-père
h. gendre
i. fils
j. nièce

44 Écrivez ces phrases au féminin.

✓ Exemple : Il est boulanger. ▶ Elle est boulangère.

a. Il est crémier.
b. Il est boucher.
c. Il est poissonnier.
d. Il est charcutier.
e. Il est pâtissier.

f. Il est teinturier.
g. Il est bijoutier.
h. Il est ouvrier.
i. Il est conseiller.
j. Il est infirmier.

45 Écrivez le féminin de ces noms en -*eur*.

✓ Exemple : C'est un danseur. ▶ C'est une danseuse.

a. C'est un coiffeur.
b. C'est un maquilleur.
c. C'est un chanteur.
d. C'est un vendeur.
e. C'est un masseur.

f. C'est un voleur.
g. C'est un parfumeur.
h. C'est un tricheur.
i. C'est un travailleur.
j. C'est un menteur.

46 Mettez au masculin ou au féminin.

✓ Exemple : Elle est directrice. ▶ Il est directeur.

a. Elle est animatrice.
b. Il est décorateur.

f. Il est éducateur.
g. Elle est traductrice.

c. Elle est organisatrice.   h. Il est créateur.

d. Il est inspecteur.   i. Elle est institutrice.

e. Il est acteur.   j. Il est formateur.

47 Écrivez au féminin ces noms, avec -euse ou -trice.

✓ Exemple : C'est un agriculteur. ▶ C'est une agricultrice.

a. C'est un aviateur.   f. C'est un contrôleur.

b. C'est un marcheur.   g. C'est un spectateur.

c. C'est un admirateur.   h. C'est un serveur.

d. C'est un nageur.   i. C'est un explorateur.

e. C'est un administrateur.   j. C'est un skieur.

48 Selon le cas, mettez le nom au masculin ou au féminin.

✓ Exemples : un prince ▶ une princesse – un lion ▶ une lionne

a. un comte   f. une chienne

b. une ânesse   g. une Cubaine

c. un patron   h. un veuf

d. une doctoresse   i. un Italien

e. un voisin   j. une sportive

49 Parmi ces mots, soulignez ceux qui sont à la fois masculin et féminin.

✓ Exemples : professeur – coiffeur – architecte

a. fleuriste   f. artiste

b. journaliste   g. avocat

c. commerçant   h. interprète

d. animateur   i. traducteur

e. vendeur   j. peintre

B. Singulier / pluriel

50 Soulignez les noms au pluriel.

✓ Exemples : travaux – fromage

a. femmes   f. cheveu

b. journal   g. châteaux

c. porte   h. genou

d. feux   i. rues

e. cheval   j. fous

51 Écrivez ces noms au pluriel.

✓ Exemple : un général ▶ des généraux

a. un oiseau

b. un canal

c. un hibou

d. un bijou

e. un pinceau

f. un signal

g. un animal

h. un manteau

i. un émail

j. un drapeau

C. Masculin / féminin des adjectifs

52 Écrivez ces phrases au féminin.

✓ Exemple : Il est joli. ▶ Elle est jolie.

a. Il est beau.

b. Il est neuf.

c. Il est bon.

d. Il est grand.

e. Il est nouveau.

f. Il est blanc.

g. Il est bavard.

h. Il est rond.

i. Il est fort.

j. Il est intelligent.

53 Écrivez ces adjectifs au masculin.

✓ Exemple : complète ▶ complet

a. carrée

b. seule

c. nette

d. secrète

e. neuve

f. épaisse

g. pareille

h. grosse

i. douce

j. active

54 Écrivez ces phrases au féminin.

✓ Exemple : Il est roux. ▶ Elle est rousse.

a. Il est fin.

b. Il est matinal.

c. Il est ancien.

d. Il est fou.

e. Il est brun.

f. Il est européen.

g. Il est gentil.

h. Il est actif.

i. Il est franc.

j. Il est bon.

55 Selon le cas, mettez l'adjectif au masculin ou au féminin.

✓ Exemple : voleur ▶ voleuse

a. gris

b. douce

f. jaloux

g. intérieur

c. protecteur

d. heureux

e. laide

h. bref

i. publique

j. paysan

56 Écrivez ces adjectifs au pluriel.

✓ Exemples : gros ❯ gros – plein ❯ pleins – matinal ❯ matinaux

a. petite

b. amoureux

c. beau

d. amicale

e. jalouse

f. vieux

g. heureuse

h. bleu

i. international

j. brune

57 Mettez ces adjectifs au singulier.

✓ Exemple : nouveaux ❯ nouveau

a. jaloux

b. françaises

c. bas

d. nets

e. beaux

f. sèches

g. joyeux

h. rondes

i. faux

j. gris

D. Accord nom / adjectif

58 Écrivez ces expressions au féminin.

✓ Exemple : un instituteur amusant ❯ une institutrice amusante

a. un boucher poli

b. un vieux copain

c. un bon acteur

d. un homme grand

e. un bel aviateur

f. un nouveau vendeur

g. un joli chat

h. un nouvel étudiant

i. un petit ami

j. un gentil pharmacien

59 Accordez les mots entre parenthèses.

✓ Exemple : C'est une (marchand) de fruits. ❯ marchande

a. Jeanne est (brun). . . . .

b. Elle est (commerçant). . . . .

c. Marie est (avocat). . . . .

d. Dolores est (espagnol). . . . .

e. Sa fille est très (blond). . . . .

f. Ta mère est (roumain) ? . . . .

g. La nouvelle (assistant) s'appelle Mme Le Gentil. . . . .

h. Cette amie est trop (bavard). . . . .

i. Angela est (américain). . . . .

j. Voici une ancienne (étudiant). . . . .

60 Mettez ces expressions au pluriel.

✓ Exemple : un matin pluvieux ❯ des matins pluvieux

a. un beau tableau

b. un long programme

c. un plat chaud

d. un travail difficile

e. un cheval rapide

f. un homme matinal

g. un banquier curieux

h. un vieil ami

i. un prix bas

j. un animal heureux

61 Choisissez la forme correcte.

✓ Exemple : une (bel-belle) femme

a. un (nouveau-nouvel) calendrier

b. une (bel-belle) maison

c. une (nouvelle-nouvel) élève

d. un (vieux-vieil) livre

e. un (beau-bel) tapis

f. un (vieux-vieil) immeuble

g. une (belle-bel) voiture

h. une (vieil-vieille) école

i. un (nouveau-nouvel) album

j. un (beau-bel) adolescent

62 Accordez l'adjectif entre parenthèses.

✓ Exemple : une étudiante (japonais) ❯ japonaise

a. une peau (doux)

b. une (beau) région

c. une idée (fou)

d. une voix (bas)

e. une coiffure (naturel)

f. une (faux) identité

g. une voisine (jaloux)

h. une élève (menteur)

i. une robe (neuf)

j. une saison (sec)

63 Barrez ce qui ne convient pas.

✓ Exemple : Martine a de nouveaux (voisin-amies-copains).

a. Au menu, il y a différents (viandes-plats-poisson).

b. La serveuse est très (sec-gentille-bel) dans ce café.

c. Je n'aime pas tes (grosses-nouvelle-petits) lunettes de soleil.

d. Nathalie est (brun-blonde-roux).

e. Aimez-vous regarder les vieilles (tableaux-gravures-peinture) ?

f. Sophie porte toujours des pantalons (court-larges-blanches).

g. Éric lit (des nouvelles-une pièce-des romans) colombienne.

h. Donnez-moi un kilo de (grosses-moyen-petite) tomates s'il vous plaît.

i. Cette femme est très (sportif-active-soucieux).

j. Elle adore (le cinéma-les actrices-la vie) américaine.

64 **Accordez les mots entre parenthèses.**

Mon (cher) (1) .... Philippe,

Tu sais que je veux déménager, alors j'ai besoin de tes (conseil) (2) .... Voilà, j'ai trouvé une (beau) (3) .... maison dans la région. Elle est (clair) (4) .... et (spacieux) (5) .... Son jardin est (petit) (6) .... mais (original) (7) .... par sa forme. Les deux (chambre) (8) .... du (premier) (9) .... étage sont de taille (moyen) (10) .... La cuisine est entièrement (équipé) (11) .... et les (appareil) (12) .... ménagers sont (neuf) (13) .... C'est une (vieux) (14) .... maison en partie (refait) (15) .... La salle de bains est en (mauvais) (16) .... état et il faut faire des (travail) (17) .... importants. Dans le salon, il y a une cheminée (superbe) (18) .... ; on va pouvoir faire des bons (feu) (19) .... cet hiver. Mais, tu me connais, je ne suis peut-être pas très (objectif) (20) ...., alors pourrais-tu venir la visiter avec moi ?

J'attends ta (prochain) (21) .... lettre avec impatience.

Je t'embrasse.

Brigitte

IV. LES ARTICLES DÉFINIS ET INDÉFINIS

LES CHIENS NE FONT PAS DES CHATS.

65 **Complétez par *un* ou *une*.**

✓ Exemple : *une* semaine

a. .... étudiante
b. .... chanteur
c. .... Anglaise
d. .... cours
e. .... appartement
f. .... ville
g. .... amie
h. .... homme
i. .... langue
j. .... professeur

66 **Retrouvez les titres de ces films français.**

✓ Exemple : *Une* partie de campagne (J. Renoir)

a. .... homme et .... femme (C. Lelouch)
b. La vie est .... long fleuve tranquille (É. Chatiliez)
c. .... éléphant, ça trompe énormément (Y. Robert)
d. .... chambre en ville (J. Demy)
e. Viens chez moi, j'habite chez .... copine (P. Leconte)
f. .... dimanche à la campagne (B. Tavernier)
g. .... mauvais fils (C. Sautet)
h. La vie est .... roman (A. Resnais)
i. .... histoire simple (C. Sautet)
j. .... monde sans pitié (É. Rochant)

67 **Complétez ces expressions.**

✓ Exemple : Il a *un* œil de lynx.

a. Tu nages comme .... poisson.
b. Il fait .... froid de canard.
c. J'ai .... mémoire d'éléphant.
d. Il a .... chat dans la gorge.
e. J'ai .... faim de loup.
f. Tu écris comme .... cochon.
g. Il est doux comme .... agneau.
h. Elle a .... caractère de cochon.
i. Je suis bavarde comme .... pie.
j. Elle a .... langue de vipère.

68 **Commandez une boisson au restaurant ou au café !**

✓ Exemple : *Un* Coca-Cola, s'il vous plaît !

a. .... chocolat
b. .... Perrier
c. .... eau minérale
d. .... Orangina
e. .... menthe à l'eau
f. .... jus d'orange
g. .... thé
h. .... bière
i. .... verre de lait
j. .... café crème

69 **Soulignez l'article qui convient.**

✓ Exemple : Elle écrit un / une / des poèmes.

a. Vous prenez un / une / des photos.
b. Tu lis un / une / des magazine.
c. Nous achetons un / une / des légumes.
d. Elle voudrait un / une / des stylo.
e. Il y a un / une / des problème.
f. Ils ont un / une / des enfants.
g. Tu connais un / une / des amis à Paris.
h. Vous voulez un / une / des pomme.
i. Tu bois un / une / des bière.
j. Elles dansent un / une / des valse.

70 *Un*, *une* **ou** *des* **! Commandez un plat au restaurant.**

✓ Exemple : *Un* poulet aux petits pois, s'il vous plaît.

a. .... omelette aux champignons, s'il vous plaît.
b. .... spaghettis bolognese, s'il vous plaît.
c. .... steack-frites, s'il vous plaît.
d. .... salade de fruits, s'il vous plaît.
e. .... escargots à la bourguignonne, s'il vous plaît.
f. .... soupe à l'oignon, s'il vous plaît.
g. .... cuisses de grenouille, s'il vous plaît.
h. .... lapin aux olives, s'il vous plaît.
i. .... mousse au chocolat, s'il vous plaît.
j. .... crème caramel, s'il vous plaît.

71 **Remplacez** *un* **et** *une* **par** *le*, *la* **ou** *l'*.

✓ Exemple : une amie ▶ *l'amie*

a. une directrice
b. une boulangerie
c. un musicien
d. un appartement
e. une actrice
f. un chien
g. un autobus
h. un nom
i. un arbre
j. un métro

72 **Complétez par *le*, *la* ou *l'*.**

✓ Exemple : Il y a une banque ici ? ◗ Non, *la* banque est sur votre gauche.

a. Il y a un théâtre près d'ici ? Oui,..................... théâtre est derrière vous.

b. Il y a une école de langue dans le quartier ? Oui,..................... école est juste là.

c. Il y a un hôpital par là ? Oui,..................... hôpital est à droite.

d. Il y a un arrêt de bus ici ? Non,..................... arrêt est plus loin.

e. Il y a une station de métro par ici ? Oui,..................... station est devant vous.

f. Il y a une église dans le quartier ? Oui,..................... église est au bout de la rue.

g. Il y a une boulangerie par là ? Non,..................... boulangerie est dans l'autre rue.

h. Il y a une salle de sport dans la rue ? Oui, ... salle de sport est ici.

i. Il y a un bureau de poste près d'ici ? Oui,..................... bureau de poste est en face.

j. Il y a une cabine téléphonique dans la rue ? Non,..................... cabine téléphonique est sur la place.

73 **Complétez par *le*, *la*, *l'* ou *les*.**

✓ Exemple : C'est un cadeau ? ◗ Oui, c'est *le* cadeau de Muriel.

a. C'est une voiture ? Oui, c'est..................... voiture de Philippe.

b. Ce sont des livres ? Oui, ce sont..................... livres de la secrétaire.

c. C'est un étudiant ? Oui, c'est..................... étudiant américain.

d. C'est une rue connue ? Oui, c'est..................... rue Lecourbe.

e. Ce sont des photos ? Oui, ce sont..................... photos de vacances.

f. C'est un stylo ? Oui, c'est..................... stylo de Mme Léger.

g. C'est un homme grand ? Oui, c'est..................... homme, là-bas.

h. C'est une secrétaire ? Oui, c'est..................... secrétaire du directeur.

i. C'est une bonne idée ? Oui, c'est..................... idée de Pascal.

j. Ce sont des cahiers ? Oui, ce sont..................... cahiers du professeur.

74 **Complétez avec *le*, *la*, *l'* ou *les*.**

✓ Exemple : J'adore *l'* Équateur.

a. Tu habites..................... Argentine, maintenant ?

b. Vous connaissez..................... Luxembourg ?

c. Tu visites..................... Inde ?

d. Vous habitez..................... États-Unis, maintenant ?

e. Tu connais..................... Suisse ?

f. Vous aimez..................... Brésil ?

g. Vous visitez..................... Pays-Bas ?

h. Tu aimes aussi..................... Russie ?

i. Je connais bien..................... Japon.

j. J'habite..................... Hollande, maintenant.

75 Retrouvez les titres de pièces de théâtre de Molière.

✓ Exemple : *Le* Bourgeois gentilhomme.

a. .... Médecin malgré lui.

b. .... Avare.

c. .... Femmes savantes.

d. .... Malade imaginaire.

e. .... École des femmes.

f. .... Précieuses ridicules.

g. .... Sicilien.

h. .... Comtesse d'Escarbagnas.

i. .... Fourberies de Scapin.

j. .... Princesse d'Élide.

76 Complétez par l'article qui convient.

– Marie, j'ai besoin d'(a.) .... conseil. J'ai (b) .... mal de dents terrible. Tu connais (c) .... dentiste dans (d) .... quartier ?

– Oui, (e) .... docteur Morel est très bien. Il se trouve à côté de (f) .... hôpital Necker, sur (g.)................. boulevard Montparnasse, au 52. (h) .... numéro de téléphone, c'est (i) .... 43-24-23-11.

77 Complétez le dialogue avec l'article qui convient.

– Tu viens au cinéma avec nous ?

– Désolé, ce soir j'ai rendez-vous avec (a) .... amie.

– Qui est-ce ?

– Pauline, (b) .... sœur de Patrick.

– Ah oui ! C'est (c) .... fille qui a (d) .... moto et qui habite (e) .... avenue du Maine. Qu'est-ce qu'elle fait dans (f) .... vie ?

– Elle travaille dans (g) .... agence de voyages.

78 Complétez ce dialogue avec l'article qui convient.

– Tu connais (a) .... grands magasins par ici ?

– Oui, il y a (b) .... Galeries Lafayette.

– Je peux trouver (c) .... lampes et (d) .... tapis là-bas ?

– Oui, bien sûr ; et en plus ce sont (e) .... soldes. Il y a aussi (f) .... Halles. (g) .... prix sont identiques mais (h) .... boutiques sont moins sympathiques.

– Et c'est aussi (i) .... soldes ?

– Oui, il y a (j) .... réductions partout en ce moment.

79 **Rayez l'article inexact.**

✓ Exemple : Vous avez l̶e̶ / un diplôme ?

a. Je déteste un / le tabac.

b. Nous visitons l' / une Australie.

c. Tu cherches une / l'adresse de Franck.

d. Il préfère la / une musique classique.

e. Elles ont un / le rendez-vous.

f. J'aime le / un rouge.

g. Tu écris les / des romans ?

h. Vous cherchez l' / un emploi?

i. J'adore les / des gâteaux.

j. Elle a les / des problèmes.

80 **Complétez avec l'article qui convient.**

✓ Exemple : Vous aimez *l'*Arc de triomphe.

a. Je lis...................... livre chaque semaine.

b. Nous étudions....................... anglais.

c. Tu veux....................... tasse de café ?

d. Elle regarde toujours....................... télévision.

e. Il aime....................... jazz.

f. Ils invitent....................... amis ce soir.

g. Vous avez....................... fille ?

h. Je cherche....................... travail de vendeuse.

i. Il connaît....................... musées de Paris.

j. J'ai....................... professeurs adorables.

81 Complétez.

AU SPECTACLE

– Alors Pascale : raconte ta soirée !

– « Les salades à Malek », c'est (1) ...... pièce de théâtre splendide. (2) ...... comédiens sont très bien, surtout (3) ...... personnage principal, Geneviève Boulchant. Elle joue (4) ...... rôle intéressant, (5) ...... rôle de (6) ...... mère. C'est (7) ...... histoire simple. (8) ...... vie d'(9) ...... famille marocaine en France et on rit beaucoup. (10) ...... auteur de (11) ...... pièce est (12) ...... jeune Franco-Marocain : Bernard Tazaïrt.

– Est-ce qu'il y a (13) ...... tarifs réduits ?

– Oui, (14) ...... dimanche à 14 heures. Et c'est au théâtre du Montparnasse, dans (15) ...... quatorzième arrondissement.

V. LA QUANTITÉ

UN DE PERDU, DIX DE RETROUVÉS.

A. Les partitifs *du, de la, de l', de*

82 **Complétez cette liste par *du* ou *de la*.**

✓ Exemple : Il faut acheter *du* pain, *de la* viande...

Il faut acheter :

a. .... lait
b. .... beurre
c. .... poisson
d. .... fromage
e. .... crème fraîche
f. .... farine
g. .... sauce tomate
h. .... vanille
i. .... sel
j. .... moutarde

de + le = DU
de + la = DE LA
de > les = DES

83 **Rayez ce qui ne convient pas.**

✓ Exemple : Elle achète un / ~~de~~ l'ananas frais.

Elle achète :

a. un / du lait
b. un / du croissant
c. une / de l'eau
d. une / de la pomme
e. un / du sucre

Elle mange :

f. une / de la cerise
g. un / du thon
h. un / du mouton
i. une / de la banane
j. un / du bonbon

84 **Faites des phrases sur le modèle donné et utilisez *du, de la, de l'* ou *des*.**

✓ Exemple : Elle adore le fromage. ▶ Elle veut *du* fromage.

a. Il aime la bière.
b. Elle adore le champagne.
c. Elle aime assez les huîtres.
d. Il aime l'alcool de prune.
e. Elle adore les gâteaux.

f. Il adore le chocolat.
g. Elle aime bien le poisson.
h. Il aime assez la glace.
i. Elle adore la salade.
j. Il aime bien les bonbons.

85 Voici un régime pour maigrir ; rayez ce qui ne convient pas.

✓ Exemple : Vous pouvez prendre du con~~fi~~ture / miel.

Vous pouvez prendre :

a. de la / du bouillon

b. de l' / du fromage

c. de l' / de la eau

d. de l' / du jus d'orange

e. de l' / du poisson

f. du / de la thé sans sucre

g. de l' / du ananas

h. de la / du poulet

i. du / de la salade

j. du / de la viande maigre

86 Barrez ce qui ne convient pas.

✓ Exemple : Donnez-moi de la (~~sel~~-po~~ivre~~-moutarde) s'il vous plaît.

a. Tu peux me passer de l'(café-omelette-tomate) ?

b. Elle met du (carotte-thon-olive) dans la salade.

c. Je voudrais de la (poisson-choucroute-bifteck).

d. Il faut de l'(huile-sel-vinaigre).

e. Tu peux acheter du (viande-lait-confiture) ?

f. Tous les jours, il mange de la (concombre-salade-fromage).

g. Qu'est-ce que tu bois, du (bière-eau-cidre) ?

h. Il manque de la (beurre-œuf-farine).

i. Elle demande de l'(cerise-melon-ananas) pour le dessert.

j. Pour faire ce gâteau, tu prends du (crème-vanille-beurre).

87 Récrivez et complétez ces phrases suivant le modèle.

✓ Exemple : Tu prends du lait ? (un verre). ▶ Tu prends un verre de lait ?

a. Vous voulez du sucre ? (un morceau)

b. Elle demande du pain. (un bout)

c. On voudrait des pâtes. (une assiette)

d. Je commande du riz. (un bol)

e. Donnez-moi de la viande. (une tranche)

f. Elle voudrait de la tarte. (une part)

g. Vous avez des biscuits ? (un paquet)

h. Il demande de l'eau. (une carafe)

i. Tu veux des frites ? (une portion)

j. Il achète du vin. (une bouteille)

88 Complétez les phrases suivantes par : *du, de la, de l', d'* ou *des.*

✓ Exemple : Donne-moi une assiette **de** poisson avec **des** haricots verts.

a. Il commande.............. poulet et.............. frites.

b. J'achète une bouteille.............. lait et.............. pommes.

c. Il faut.............. farine et une boîte.............. œufs.

34

d. Mon amie voudrait.............. escargots et pour moi, une terrine.............. poisson.

e. Je voudrais.............. salade et.............. rôti froid avec.............. mayonnaise.

f. Une carafe.............. eau, s'il vous plaît, et.............. pain !

g. .... champagne et un plateau.............. petits fours, c'est magnifique !

h. Il va chercher.............. whisky,.............. eau minérale et un paquet..............
biscuits.

i. Apportez-moi une assiette.............. huîtres et un verre.............. vin blanc.

j. Ma mère prépare une délicieuse soupe.............. poissons.

89 Associez les éléments pour en faire des phrases (plusieurs possibilités).

✓ Exemple : Je voudrais un bol de soupe.

Je voudrais :

a. un bol		1. eau.
b. un paquet		2. café.
c. un verre		3. allumettes.
d. une barquette		4. oranges.
e. une boîte	• d'	5. huile.
f. une tasse	• de	6. biscuits.
g. un litre		7. pizza.
h. un kilo		8. abricots.
i. une part		9. soupe.
j. une livre		10. carottes râpées.

B. Les quantitatifs : *peu, assez, trop de, quelques, tout*

90 Répondez aux questions suivantes en tenant compte des signes : + un peu de, ++ assez de, +++ beaucoup de, ++++ trop de.

✓ Exemple : Mangez-vous du sucre ? ++++. ▶ Oui, je mange *trop de* sucre.

a. Prenez-vous du pain ? +

b. Buvez-vous du soda ? +++

c. Combien d'eau buvez-vous chaque jour ? ++

d. Mettez-vous du sel dans la cuisine ? +

e. Du sucre, vous en prenez ? +++

f. Vous voulez encore de la viande ? ++

g. Vous mangez de la glace ? ++++

h. Vous mettez encore du beurre dans ce gâteau ? ++

i. Vous prenez de l'alcool ? +

j. Vous prenez du poids ? ++++

91 Complétez par *quelques* quand c'est possible et rayez les phrases impossibles.

✓ Exemple : Ils ont *quelques* tomates.
~~Elle.............. soupe.~~

a. Ils ont..................... force.

b. J'ai..................... pièces.

c. Ils mangent..................... thon.

d. Elle a..................... temps pour déjeuner.

e. Il me reste..................... timbres.

f. Il mange..................... bonbons.

g. J'ai..................... fièvre.

h. Tu as..................... travail à finir.

i. Elle veut..................... légumes.

j. Je voudrais..................... champignons.

92 Complétez par *un peu de* ou *quelques*.

✓ Exemple : Il reste *un peu de* gâteau. Je veux *quelques* renseignements.

a. On demande..................... minutes de silence.

b. Elle boit..................... vin.

c. Il achète..................... livres.

d. Prends..................... fromage.

e. Il me reste..................... enveloppes.

f. J'écris..................... lettres.

g. Elle achète..................... fraises.

h. J'ai besoin d'..................... argent

i. Elle mange..................... fruits.

j. Je voudrais..................... jambon.

93 Complétez par *tout*, *toute*, *tous* ou *toutes*.

✓ Exemple : *Toute* la journée, Nicolas écoute du rock.

a. L'école ouvre..................... les matins à 8 h 20.

b. Les banques restent ouvertes..................... la journée jusqu'à 17 heures.

c. Alice part travailler..................... l'été en Angleterre.

d. .... l'année, ils vont habiter à Rio.

e. Nous passons..................... le mois d'août en Bretagne.

f. Elle téléphone..................... les jours à sa fille.

g. .... les cinq minutes, les enfants m'appellent.

h. Les fonctionnaires sont augmentés..................... les cinq ans.

i. Elle a passé..................... la matinée à l'hôpital.

j. .... les semaines, on va à la gymnastique.

94 Barrez l'élément qui ne convient pas.

✓ Exemple : Le bébé de la voisine a pleuré toute (lundi-la nuit).

a. Pauline joue avec toutes (ses copains-ses poupées).

b. Tous les (mercredis-semaines) on va au cinéma.

c. Ils ont bien travaillé tout (l'année-le week-end).

d. Au lycée, on doit acheter tous (les livres-les affaires scolaires).

e. Nous allons inviter tous (nos amies-nos cousins) à la fête.

f. Un journaliste va voir toutes (les nouveaux films-les nouvelles pièces).

g. Mme Durant réunit toutes (ses nièces-sa famille) pour Noël.

h. Il dort toute (la journée-le matin).

i. Il a fait froid tout (le mois de septembre-la semaine).

j. Son mari connaît tous (les musiciens-les bonnes réponses).

C. Les nombres

95 Écrivez les nombres en lettres.

✓ Exemple : Il fait très chaud : 26 degrés. ▶ vingt-six

a. Paris est encore à 45 kilomètres.

b. Il me reste 37 francs.

c. En France, on est majeur à 18 ans.

d. Il y a 16 étudiants dans ce groupe.

e. Les Dupuy ont maintenant 4 enfants ?

f. Paul a eu 13 à son examen d'anglais.

g. Avez-vous la monnaie de 50 francs ?

h. Elle habite 69, rue Louise Michel.

i. Le département de Paris, c'est le 75.

j. Il est exactement 10 heures.

96 Reliez les nombres écrits en chiffres et en lettres.

✓ Exemple : 98 ▶ quatre-vingt-dix-huit

a. 139	1. deux cent trente-sept
b. 226	2. deux cents
c. 237	3. cinq cent quinze
d. 200	4. deux cent vingt-six
e. 565	5. sept cent dix-huit
f. 515	6. cent trente-neuf
g. 718	7. cinq cent soixante-cinq
h. 778	8. trois cent treize
i. 313	9. huit cent cinquante-deux
j. 852	10. sept cent soixante-dix-huit

97 Complétez l'écriture de ces nombres en lettres.

✓ Exemple : 461 : quatre **cent** soixante **et un**

a. 105 : .... cinq

b. 99 : ....-vingt ....-neuf

c. 6032 : six ....-deux

d. 213 : .... cent ....

e. 80 : ....-vingts

f. 506 : cinq ....

g. 397 : .... cent .... - .... - .... - sept

h. 1500 : .... cinq ....

i. 758 : sept .... cinquante-.....................

j. 4086 : quatre .... quatre-..................... -six

98 Écrivez en lettres les résultats des opérations suivantes.

✓ Exemple : vingt-cinq et trente-deux font **cinquante-sept**
▸ 25 + 32 = 57

a. seize et quarante-trois font.............
16 + 43 = 59

b. douze et quinze font....................
12 + 15 = 27

c. cent neuf et trois font...................
109 + 3 = 112

d. soixante et dix-sept font ....
70 + 7 = 77

e. quatre-vingt-deux et treize font ....
82 + 13 = 95

f. deux cents et dix-neuf font.................
200 + 19 = 219

g. cinquante-quatre et onze font.............
54 + 11 = 65

h. quatorze et trente-six font.................
14 + 36 = 50

i. huit et quinze font..........................
8 + 15 = 23

j. soixante-douze et cent six font ....
72 + 106 = 178

99 Écrivez ces nombres en lettres.

✓ Exemple : Elle paie 5 400 francs de loyer. ▸ **cinq mille quatre cents**

a. Il y a environ 450 kilomètres entre Lyon et Paris.

b. 7 500 francs est un salaire moyen en France.

c. Ils ont payé leur armoire 3 200 francs en promotion.

d. Pierre a gagné 4 725 francs au loto.

e. Une location de voiture coûte 230 francs minimum par jour.

f. Un billet d'avion Paris-Montréal fait 2 700 francs, aller-simple.

g. Une réservation de couchette en train coûte 96 francs.

h. L'aller-retour, c'est 12 000 francs.

i. Il a payé 25 000 francs une voiture d'occasion.

j. Le menu touristique est à 145 francs.

100 **Complétez cette recette du far breton par des articles partitifs et écrivez les nombres en lettres.**

Il faut .... farine (250 g) .... grammes, ... sucre (200 g), ... grammes, ... œufs (4) ...., ... lait (750 cl), ... centilitres .... alcool, par exemple .... rhum (1 c.), ... cuillérée, ... raisins secs (50 g) .... grammes et .... pruneaux (12).

Mélangez tous les ingrédients dans un saladier. Mettez................. beurre à l'intérieur d'un plat allant au four. Versez la pâte dans le plat et faites cuire une heure à feu moyen. Bon appétit !

101 **Écrivez les chiffres et les nombres soulignés en lettres.**

La tour Eiffel accueille le public de l'Exposition universelle pour la première fois le 31 mars 1889. L'architecte Gustave Eiffel dirige sa construction pendant 2 ans, 2 mois et 5 jours. Elle mesure 317 mètres de haut et pèse plus de 10 tonnes. En 1981, on fait de gros travaux sur la tour, et âgée de 106 ans, elle reste un des monuments célèbres dans le monde entier.

Le lundi 30 août 1993, la tour Eiffel accueille à 17 heures 45 son 150 millionnième visiteur, une mère de famille de 33 ans accompagnée de sa famille.

VI. AUTRES ADJECTIFS

PETIT À PETIT L'OISEAU FAIT SON NID.

A. Adjectifs démonstratifs

102 **Rayez le démonstratif inexact.**

✓ Exemple : C'est la sœur de ~~ce~~ / cet ingénieur.

a. Elle connaît bien ce / cet ouvrier.

b. Je n'aime pas ce / cet vendeur.

c. Il va chez ce / cet médecin.

d. Demande à ce / cet instituteur.

e. Tu pars avec ce / cet musicien ?

f. Ne va pas chez ce / cet épicier !

g. Vous écrivez à ce / cet journaliste ?

h. Vous travaillez chez ce / cet architecte ?

i. Nous ne connaissons pas ce / cet hôtelier.

j. J'adore ce / cet écrivain.

103 **Remplacez les articles soulignés par *ce-cet-cette*.**

3 Exemple : L'école est loin de la maison.
  ▸ *Cette* école est loin de la maison.

a. L'examen est difficile.

b. Le professeur de français est nouveau.

c. Est-ce que l'université ferme l'été ?

d. Tu travailles dans le lycée ?

e. Le cours d'espagnol n'est pas intéressant.

f. L'étudiant américain travaille beaucoup.

g. Vous voyez la classe, elle est grande.

h. Nous habitons à côté de la faculté.

i. L'instituteur est absent demain.

j. Je n'aime pas le directeur.

104 **Soulignez le démonstratif juste.**

✓ Exemple : Ce / Cet / Cette midi, je mange avec Évelyne.

a. Ce / cet / cette trimestre, je vais à la piscine.

b. Ce / cet / cette printemps, je pars en Sicile.

c. Ce / cet / cette soir, je sors avec des amis.

d. Ce / cet / cette matin, j'ai un rendez-vous.

e. Ce / cet / cette hiver, je fais du ski à Val d'Isère.

f. Ce / cet / cette semaine, j'ai beaucoup de travail.

g. Ce / cet / cette automne, je visite le Canada.

h. Ce / cet / cette nuit, je dors dans le salon.

i. Ce / cet / cette année, j'arrête de fumer.

j. Ce / cet / cette été, j'étudie l'espagnol à Madrid.

105 *Ce-cet-cette*. **Complétez.**

✓ Exemple : *Cette* veste est trop grande.

a. Combien coûte .... sac ?

b. J'aime bien.................... chemise.

c. .... costume coûte cher.

d. .... homme est élégant.

e. Tu connais.................... boutique ?

f. La caisse est en face de.................... escalier.

g. Tu vas dans.................... magasin.

h. .... robe n'est pas en coton.

i. Les manteaux sont à.................... étage.

j. .... jupe est très belle.

106 **Mettez au singulier.**

✓ Exemple : J'adore ces quartiers de Paris.
   ▶ J'adore *ce* quartier de Paris.

a. Vous comprenez ces explications.   f. Il déteste ces romans.

b. J'aime bien ces amis.   g. Vous sortez avec ces vêtements.

c. Tu achètes ces livres ?   h. Elles visitent ces maisons.

d. Nous connaissons ces acteurs.   i. Tu joues avec ces enfants ?

e. Je voudrais ces fruits.   j. Nous allons chez ces voisins.

107 *Cette ou Ces*. **Complétez.**

✓ Exemple : *Cette* lingerie est magnifique.

a. .... chaussures sont confortables.

b. .... cravate n'est pas belle.

c. .... boucles d'oreille coûtent 250 francs.

d. .... montre n'est pas à l'heure.

e. .... bagues sont très anciennes.

f. .... robe vaut 150 francs.

g. .... bottes sont très chaudes.

h. .... ceinture est en cuir.

i. .... lunettes de soleil coûtent 300 francs.

j. .... chaîne est en or.

108 **Associez l'adjectif démonstratif au reste de la phrase.**

✓ Exemple : Ce restaurant n'est pas cher.

        a. agence de voyages est américaine.

        b. musées sont nouveaux.

        c. restaurant n'est pas cher.

1. Ce   d. aéroport est international.

2. Cet   e. toilettes sont fermées.

3. Cette   f. hôtel est très ancien.

4. Ces   g. cafés ne sont pas touristiques.

        h. office du tourisme est ouvert.

        i. bureau de poste n'est pas moderne.

        j. centre commercial est à côté du métro.

109 **Associations possibles. Réunissez les différents éléments.**

✓ Exemple : Ce spectacle est amusant.

        a. pièce de théâtre

        b. acte   1. est amusant.

        c. histoires   2. est amusante.

- Ce   d. films   3. sont amusantes.

- Cette   e. spectacle   4. sont amusants.

- Cet   f. maison   5. est grand.

- Ces   g. immeuble   6. sont grands.

        h. villas   7. est grande.

        i. appartements 8. sont grandes.

        j. studio

110 **Complétez ces deux dialogues par *ce-cet-cette* ou *ces*.**

– Regarde .... (a) bottes dans la vitrine !

– Moi, je préfère .... (b) bottines, là, ou .... (c) paire de chaussures.

– Excusez-moi, mademoiselle. Je voudrais essayer .... (d) chaussures noires, en 35 s'il vous plaît.

– Désolée, madame, nous n'avons pas .... (e) pointure.

– Ne va pas dans .... (f) boutique, elle est trop chic.

– Regarde .... (g) pull. Il est magnifique. Et .... (h) imperméable est très beau pour .... (i) automne.

– Mais tu vois le prix de .... (j) vêtements ?

– Oui. Et alors ?

B. Adjectifs possessifs

111 *Ma* **ou** *Mon*. **Retrouvez les petits mots affectueux.**

✓ Exemple : ***Mon*** poussin !

a. .... cœur !
b. .... lapin !
c. .... chérie !
d. .... amour !
e. .... biche !
f. .... puce !
g. .... chéri !
h. .... trésor !
i. .... canard !
j. .... petit chat !

112 **Féminin ou masculin : complétez par** *Mon* **ou** *Ma*.

✓ Exemple : ***Mon*** pays, c'est l'Allemagne.

a. .... langue, c'est l'italien.
b. .... nom, c'est Barrère.
c. .... film préféré, c'est *Le Grand Bleu*.
d. .... sœur, c'est Jacqueline.
e. .... parfum, c'est Chanel n° 19.
f. .... saison préférée, c'est l'été !
g. .... prénom, c'est Nathalie.
h. .... taille, c'est le 42.
i. .... acteur préféré, c'est Christophe Lambert.
j. .... frère, c'est Patrick.

113 **Féminin :** *Mon* **ou** *Ma*.

✓ Exemple : ***Mon*** université est à Paris.

a. .... actrice préférée n'est pas française.
b. .... famille habite à Marseille.
c. .... femme travaille chez Renault.
d. .... adresse est facile à retenir.
e. .... école donne des cours de chinois.
f. .... ville n'est pas touristique.
g. .... amie parle russe.
h. .... histoire est très drôle.
i. .... institutrice est malade.
j. .... rue est très animée.

114 Retrouvez les titres de ces films français en utilisant *mon*, *ma* ou *mes*.

✓ Exemple : ***Mon*** oncle d'Amérique (A. Resnais).

a. Hiroshima, ... amour. (A. Resnais)

b. .... saison préférée. (Téchiné)

c. .... meilleurs copains (J.-M. Poiré)

d. .... nuit chez Maud. (E. Rohmer)

e. .... petites amoureuses. (J. Eustache)

f. Le château de .... mère. (Y. Robert)

g. .... nuits sont plus belles que vos jours. (A. Zulawski)

h. L'ami de .... amie. (E. Rohmer)

i. .... femme s'appelle reviens. (P. Leconte)

j. Génial, ... parents divorcent. (P. Braoudé)

115 C'est à toi ! Complétez par *ton*, *ta* ou *tes*.

✓ Exemple : ***tes*** conseils.

a. .... robe

b. .... heure

c. .... habitation

d. .... réponse

e. .... goûts

f. .... ordres

g. .... activité

h. .... question

i. .... portrait

j. .... projets

k. .... cheveux

l. .... vacances

m. .... mère

n. .... journaux

o. .... loisirs

p. .... sport

q. .... préférences

r. .... image

s. .... bijoux

t. .... parents

116 Soulignez l'adjectif possessif qui convient.

✓ Exemple : Ces chaussures sont à elle ? ◗ Oui, ce sont mes / tes / <u>ses</u> chaussures.

a. Cette lettre est à toi ? – Non, ce n'est pas ma / ta / sa lettre.

b. Ce manteau est à lui ? – Oui, c'est mon / ton / son manteau.

c. Ce verre est à moi ? – Oui, c'est mon / ton / son verre.

d. Ces photos sont à lui ? – Oui, ce sont mes / tes / ses photos.

e. Ces clés sont à moi ? – Non, ce ne sont pas mes / tes / ses clés.

f. Cette villa est à elle ? – Non, ce n'est pas ma / ta / sa villa.

g. Ses papiers sont à toi ? – Oui, ce sont mes / tes / ses papiers.

h. Cette cigarette est à moi ? – Oui, c'est ma / ta / sa cigarette.

i. Ce livre est à toi ? – Non, ce n'est pas mon / ton / son livre.

j. Cet argent est à elle ? – Non, ce n'est pas mon / ton / son argent.

117 *Notre, nos, votre, vos.* **Complétez ces expressions (plusieurs possibilités parfois).**

✓ Exemple : *Nos* meilleurs vœux de bonne année !

a. À .... santé !

b. Entrez ! Donnez-moi .... affaires !

c. À .... amours !

d. Tous .... vœux de bonheur !

e. À .... souhaits !

f. Toute .... sympathie !

g. Nous vous présentons .... condoléances.

h. Tous .... compliments !

i. À .... réussite !

j. Toutes .... félicitations pour la naissance du bébé !

118 **Posez les questions correspondant aux réponses.**

✓ Exemple : Où étudient *vos* filles ? ◀ Mes filles étudient à Paris.
Quand rentre *votre* frère ? ◀ Mon frère rentre au mois de juin.

a. .... ? Mes enfants travaillent à la Banque de France.

b. .... ? Ma femme part en vacances ce week-end.

c. .... ? Mes parents habitent à Lyon.

d. .... ? Ma fille étudie à l'Université de la Sorbonne.

e. .... ? Mon fils est en Australie.

f. .... ? Mes voisins reviennent la semaine prochaine.

g. .... ? Mes amis vivent dans le Sud.

h. .... ? Mon mari arrive à 15 h 30.

i. .... ? Mes collègues déjeunent au restaurant.

j. .... ? Ma sœur vient en juillet.

119 **Rayez l'adjectif possessif inexact.**

✓ Exemple : Ces manteaux sont aux enfants ?
◀ Non, ce ne sont pas leur / leurs manteaux.

a. Cet appartement est à M. et Mme Renaud ?
Oui, c'est leur / leurs appartement.

b. Cette radio est aux enfants ?
Non, ce n'est pas leur / leurs radio.

c. Ces livres sont aux voisins ?
Oui, ce sont leur / leurs livres.

d. Ces brosses à dents sont à eux ?
Oui, ce sont leur / leurs brosses à dents.

e. Ce studio est à elles ?
Non, ce n'est pas leur / leurs studio.

f. Ces cassettes sont à Dominique et Michel ?

Oui, ce sont leur / leurs cassettes.

g. Ces objets sont aux parents ?

Non, ce ne sont pas leur / leurs objets.

h. Cette moto est aux amis de Julien ?

Oui, c'est leur / leurs moto.

i. Ces bagages sont aux touristes ?

Oui, ce sont leur / leurs bagages.

j. Ce chien est à Isabelle et Nathalie ?

Oui, c'est leur / leurs chien.

120 **Posez les questions correspondant aux réponses (plusieurs possibilités parfois).**

✓ Exemple : C'est *sa* chemise ? ◀ Ce n'est pas la chemise de Patrick.

a. .... ? Oui, c'est votre dossier.

b. .... ? Non, ce n'est pas l'adresse de Laurent.

c. .... ? Oui, c'est son nom.

d. .... ? Oui, ce sont les enfants du directeur.

e. .... ? Non, ce n'est pas ma voiture.

f. .... ? Oui, c'est l'appartement de Marc et Emma.

g. .... ? Oui, c'est votre place.

h. .... ? Oui, ce sont les photos des enfants.

i. .... ? Oui, ce sont mes gants.

j. .... ? Non, ce ne sont pas vos clés.

121 Complétez les lettres suivantes par les adjectifs démonstratifs ou possessifs qui conviennent (parfois plusieurs possibilités).

Monsieur le Directeur,

Je souhaite compléter (1) .... formation de secrétaire par un approfondissement en langues et je voudrais suivre (2) .... enseignement dans (3) .... école.

Quelles sont les conditions d'inscription à (4) .... cours ?

Je joins à (5) .... lettre des documents qui vous indiquent (6) .... niveau en anglais.

Dans l'attente de (7) .... réponse, veuillez agréer, Monsieur le Directeur, l'expression de (8) .... sentiments respectueux.

Chère Catherine,

Merci pour (9) .... invitation. Malheureusement, je vais être absente pour (10) .... vingt ans. Je pars à la montagne (11) .... semaine. Je penserai à toi (12) .... jour du 08 février. Fête bien (13) .... anniversaire avec tous (14) .... amis.

Joyeux anniversaire
(15) .... cousine Annick

Chère Tante,

Dominique et moi, nous vous adressons (16) .... vœux les meilleurs pour la nouvelle année. Bonne année aussi à (17) .... famille.

.... (18) souhaits les plus sincères.

(19) .... neveux, Madeleine et Dominique.

VII. LE PRÉSENT DES VERBES EN -IR ET AUTRES TERMINAISONS LE PRÉSENT PROGRESSIF

LA VÉRITÉ SORT DE LA BOUCHE DES ENFANTS.

A. Le présent des verbes en -ir et autres terminaisons

122 Écrivez ces verbes selon le modèle. Attention, certains verbes se terminent par -issons, d'autres par -ons.

✓ Exemples : courir ▶ Nous cour**ons**.
réfléchir ▶ Nous réfléch**issons**.

a. dormir   f. partir
b. grandir   g. ouvrir
c. tenir   h. grossir
d. sortir   i. venir
e. courir   j. vieillir

123 Écrivez ces verbes au pluriel. Attention certains verbes se terminent par -issez, d'autres par -ez.

✓ Exemples : Tu étudies. ▶ Vous étudi**ez**.
Tu réussis. ▶ Vous réuss**issez**.

a. Tu lis cette lettre.   f. Tu maigris.
b. Tu finis un exercice.   g. Tu choisis une carte postale.
c. Tu écris à Marie.   h. Tu ris beaucoup.
d. Tu cries trop fort.   i. Tu dis « merci ».
e. Tu remercies la voisine.   j. Tu vis à Paris.

124 Associez pronoms personnels et verbes (plusieurs possibilités).

✓ Exemple : Je grandis.

a. Je   1. guérit.
b. Tu   2. obéissons.
c. Il   3. choisissent ce livre.
d. Elle   4. réfléchissez.
e. On   5. grandis.
f. Nous   6. grossissent l'hiver.

g. Vous   7. réunit quelques amis.

h. Ils   8. vieillit.

i. Elles   9. finis un roman.

j. Olivier   10. applaudissez à la fin du spectacle.

125 Écrivez les verbes entre parenthèses au présent.

✓ Exemple : (savoir) Tu *sais* faire la cuisine ?

a. (vouloir) Nous .... des explications.

b. (pleuvoir) Il .... souvent en automne.

c. (devoir) Je .... rentrer de bonne heure.

d. (voir) Tu .... cette fille ?

e. (s'asseoir) On .... à cette table ?

f. (falloir) Il .... partir bientôt.

g. (savoir) Nous .... utiliser la caméra.

h. (recevoir) Elles .... beaucoup de cartes postales.

i. (pouvoir) Je .... vous voir ?

j. (apercevoir) Vous .... ce bateau ?

126 Écrivez ces verbes au pluriel.

✓ Exemple : Il s'assoit. ▶ Ils s'assoient.

a. Tu peux venir.

b. Je sais lire.

c. Il veut un gâteau.

d. Je dois téléphoner.

e. Elle voit des amis.

f. Tu meurs de faim.

g. Il court très vite.

h. Tu reçois du courrier.

i. Tu sens bon.

j. Il croit son père.

127 Écrivez ces verbes au singulier.

✓ Exemple : Nous mourons de faim. ▶ Je meurs de faim.

a. Ils viennent demain.

b. Nous tenons la porte.

c. Vous devenez vieux.

d. Nous ouvrons la fenêtre.

e. Vous partez bientôt.

f. Elles cueillent des fleurs.

g. Ils dorment tard.

h. Vous courez trop.

i. Nous offrons des chocolats.

j. Vous servez le dessert.

128 Écrivez les verbes entre parenthèses au présent.

✓ Exemple : (prendre) Vous *prenez* un taxi ? Non, je *prends* ma voiture.

(entendre) a. Tu .... quelque chose ?   b. Oui, j'................ un moteur.

(croire) c. Vous .... qu'il fera beau ?   d. Oui, je le ....

(boire) e. Elle .... du thé ?   f. Non, elles .... toutes du café.

(connaître) g. Vous .... cet homme ?   h. Non, nous ne le .... pas.

(faire) i. Vous .... de la musique ?   j. Oui, on .... du violon.

129 Associez pronoms et formes verbales (plusieurs possibilités).

✓ Exemple : Vous buvez trop de café.

a. Vous	1. éteignent la télévision.
b. On	2. crois cet homme.
c. Elles	3. apprend le français.
d. Ils	4. écris un poème.
e. Je	5. lit les journaux.
f. Tu	6. buvez trop de café.
g. Elle	7. attends quelqu'un.
h. J'	8. disons « bonjour ».
i. Il	9. connaît Édith Piaf.
j. Nous	10. conduisent trop vite.

130 Complétez par le pronom qui convient (plusieurs possibilités).

✓ Exemple : *Je / tu* crois que c'est vrai.

a. . . . . lis un article.

b. . . . . attends le bus.

c. . . . . connaissons cette piscine.

d. . . . . éteint la radio.

e. . . . . dites « non » ?

f. . . . . craignez la chaleur.

g. . . . . écris à sa mère.

h. . . . . croyez à cette histoire ?

i. . . . . boivent du jus de fruits.

j. . . . . conduis mal.

131 Écrivez le verbe à la forme qui convient.

✓ Exemple : (lire) Elles *lisent* des magazines féminins.

a. (vivre) On . . . . à Paris.

b. (mettre) Tu . . . . cette robe ?

c. (rire) Nous . . . . souvent.

d. (perdre) Tu . . . . tout.

e. (vendre) Nous . . . . la maison.

f. (faire) Vous . . . . du sport ?

g. (suivre) Je . . . . ce chemin.

h. (aller) Je . . . . à Lyon.

i. (rendre) Ils . . . . les clés.

j. (prendre) Nous . . . . l'avion.

132 **Associez les éléments pour faire des phrases (plusieurs possibilités).**

✓ Exemple : Vous comprenez l'espagnol ?

a. Vous	1. lis lentement.
b. Je	2. comprenez l'espagnol.
c. Tu	3. écrit bien.
d. On	4. mets une robe noire.
e. Il	5. voulons sortir ce soir.
f. J'	6. connaissez Michèle Morgan ?
g. Nous	7. prennent le métro.
h. Elle	8. apprends à conduire.
i. Vous	9. peut prendre un taxi.
j. Ils	10. sait parler allemand.

133 **Associez pronoms et formes verbales (plusieurs possibilités).**

✓ Exemple : Il faut du courage.

a. Il	1. sais nager.
b. Tu	2. s'assoit par terre.
c. Nous	3. voyez la clé du studio ?
d. Elles	4. ne peuvent pas rester longtemps.
e. Je	5. faut du courage.
f. On	6. ne pleut pas souvent en Tunisie.
g. Vous	7. peux me prêter ton stylo ?
h. Ils	8. dois lire chaque jour.
i. Les parents de Julie	9. reçoivent des amis ce soir.
j. Les voisins	10. devons écrire à Antoine.

B. Le présent progressif

134 **Répondez en suivant le modèle.**

✓ Exemple : Tu peins ? ▶ Oui, je suis en train de peindre.

a. Vous lisez ?	f. Vous sortez ?
b. Elle travaille ?	g. Il regarde la télé ?
c. Tu écris ?	h. Il pleut ?
d. Il dort ?	i. Vous mettez la table ?
e. Elles partent ?	j. Ils rient ?

135 Remplacez le présent par le présent progressif.

✓ Exemple : Vous suivez cette route.
   ▶ Vous êtes en train de suivre cette route.

a. Tu ris trop fort !
b. Vous apprenez l'italien ?
c. Ils vivent le parfait amour.
d. Je lis un bon roman.
e. Tu écris à tes amis ?
f. Je prends mon bain.
g. Il pleut.
h. Je bois un verre de lait.
i. On fait le ménage.
j. Elles attendent l'avion pour Lyon.

136 Remplacez le présent par le présent progressif.

✓ Exemple : Ils comprennent la situation.
   ▶ Ils sont en train de comprendre la situation.

a. Tu cueilles des roses ?
b. Je sers le café.
c. Ils cherchent un numéro de téléphone.
d. Vous dites le contraire.
e. On meurt de faim !
f. Tu lis ça ?
g. Nous faisons les valises.
h. Elle court au bois de Boulogne.
i. Tu réponds à cette lettre ?
j. Ils découvrent une région superbe.

BILAN

137 **Complétez ce dialogue.**

AU BUREAU

– Mademoiselle Lariven, (1) (pouvoir) .... -vous répondre rapidement à cette lettre ?

– Oui, monsieur ; je (2) (devoir) .... prendre un crayon et j'(3) (écrire) .... Voilà, je suis prête.

– « Monsieur, mon entreprise (4) (étudier) .... actuellement votre proposition. Vous m'(5) (écrire) .... que vous (6) (faire) .... des études de marché. Je (7) (faire) .... moi-même quelques enquêtes auprès de mes clients mais je (8) (croire) .... que vos résultats me seront très utiles. C'est pourquoi, je (9) (répondre) .... favorablement à votre demande. Je (10) (pouvoir) .... vous recevoir vendredi 15 à 14 heures. Si ce rendez-vous ne vous (11) (convenir) .... pas, vous (12) (prévenir) .... mon assistante, Mademoiselle Lariven. » Pour terminer cette lettre, vous (13) (écrire) .... la formule habituelle.

– Bien, monsieur. J'(14) (envoyer) .... cette lettre avant midi.

– Très bien, mademoiselle, merci.

53

VIII. L'IMPÉRATIF

N'ÉVEILLEZ PAS LE CHAT QUI DORT.

138 **Transformez d'après le modèle.**

> ✓ Exemple : Entre ! ▶ Entrons !
> Entrez !

a. Passe par là !

b. Monte vite !

c. Arrête !

d. Parle moins fort !

e. Continue !

f. Écoute ce disque !

g. Demande !

h. Cherche ici !

i. Travaille bien !

j. Dîne !

139 **Transformez d'après le modèle.**

> ✓ Exemple : Marchons tout droit ! ▶ Marche tout droit !

a. Rangez la chambre !

b. Dansons cette valse !

c. Jouez au tennis !

d. Criez fort !

e. Respirez !

f. Restons ici !

g. Écoutons le professeur !

h. Regardez la télévision !

i. Aidons Catherine !

j. Tournez à droite !

140 **Transformez selon les modèles.**

> ✓ Exemples : Choisissez vite ! ▶ Choisis vite !
> Reviens ici ! ▶ Revenez ici !

a. Dors bien !

b. Prenez un café !

c. Bois un verre !

d. Fais vite !

e. Finis le travail !

f. Écrivez bien !

g. Vois le docteur !

h. Descendez !

i. Partez tout de suite !

j. Lisez un peu !

141 **Mettez au pluriel.**

> ✓ Exemple : Mange au restaurant avec moi ! ▶ Mangeons au restaurant !

a. Commence un nouveau travail avec moi !

b. Jette ces vieux magazines avec moi !

c. Bouge un peu avec moi !

d. Répète avec moi !

e. Appelle Françoise avec moi !

f. Achète le journal avec moi !

g. Paie l'addition avec moi !

h. Nettoie la chambre avec moi !

i. Amène les enfants à l'école avec moi !

j. Complète la phrase avec moi !

142 Utilisez le vouvoiement.

✓ Exemple : Prends un dessert ! ▶ Prenez un dessert !

a. Choisis le vin !

b. Mange un hors-d'œuvre !

c. Bois un apéritif !

d. Va au restaurant !

e. Paie l'addition !

f. Appelle le serveur !

g. Demande du pain !

h. Finis la salade !

i. Réserve une table !

j. Goûte au poisson !

143 Transformez selon le modèle.

✓ Exemple : Nous devons partir maintenant. ▶ Partons !

a. Nous devons courir plus vite.

b. Nous devons dormir maintenant.

c. Nous devons sortir dans cinq minutes.

d. Nous devons répondre au téléphone.

e. Nous devons écrire à nos amis.

f. Nous devons lire cet article.

g. Nous devons prendre l'avion.

h. Nous devons apprendre les verbes.

i. Nous devons attendre un taxi.

j. Nous devons finir cet exercice.

144 Utilisez le tutoiement.

✓ Exemple : Chantez une chanson ! ▶ Chante une chanson !

a. Lisez le programme !

b. Choisissez une pièce de théâtre !

c. Venez au spectacle !

d. Allez à l'opéra !

e. Regardez le film !

f. Écoutez de la musique classique !

g. Apprenez à danser le rock !

h. Prenez un billet pour le concert !

i. Soyez à l'heure au cinéma !

j. Faites la queue à la caisse !

145 Tutoyez ou vouvoyez. Transformez d'après les modèles.

✓ Exemples : Sois présent ! ▶ Soyez présent !
        Ayez la forme ! ▶ Aie la forme !

a. Soyez le bienvenu !

b. Ayez des idées !

f. Ayez confiance !

g. Aie le sourire !

c. Sois prudent !

d. Soyez patient !

e. Sois attentif !

h. Soyez sage !

i. Aie pitié !

j. Sois tranquille !

146 Donnez le conseil qui convient.

✓ Exemple : À Athènes, il y a une grande pollution. (rester)
 ▶ Ne reste pas à Athènes !

a. En Espagne, il fait très chaud l'été (aller).

b. En Italie, il y a de belles villes (voyager).

c. En Allemagne, on aime beaucoup trop la bière (boire).

d. Au Danemark, il fait froid (prendre froid).

e. En Irlande, l'air est pur (partir).

f. Au Portugal, j'ai de la famille (venir).

g. En Belgique, le chocolat est très bon (grossir).

h. En France, on roule vite (conduire).

i. Aux Pays-Bas, on fait du vélo (rouler à vélo).

j. Au Royaume-Uni, il pleut souvent (oublier son parapluie).

147 Dites le contraire.

✓ Exemple : Viens ici ! ▶ Ne viens pas ici !

a. Jouons au casino !

b. Allume la lumière !

c. Partons tout de suite !

d. Écrivez en rouge !

e. Mangez tout !

f. Fais attention !

g. Prenons le métro !

h. Mets la table !

i. Apprenez à danser !

j. Dis la vérité !

148 Transformez les phrases d'après le modèle.

✓ Exemple : Installe-toi près de moi ! ▶ Ne t'installe pas près de moi !

a. Sers-toi !

b. Marions-nous le mois prochain !

c. Présentez-vous à ce poste !

d. Amuse-toi avec ton petit frère !

e. Promenons-nous dans le parc !

f. Mets-toi à côté de moi !

g. Coupez-vous les cheveux !

h. Dépêchez-vous !

i. Assieds-toi !

j. Occupez-vous d'elle !

149 Mettez les verbes pronominaux à l'impératif.

✓ Exemple : Tu te laves les cheveux. ▶ Lave-toi les cheveux !

a. Nous nous couchons à 22 h 30.

b. Tu t'habilles en noir.

c. Tu te rases la moustache.

d. Nous nous levons tard.

e. Vous vous maquillez tous les jours.

f. Vous vous baignez maintenant.

g. Tu te brosses les dents.

h. Tu t'assieds dans le fauteuil.

i. Vous vous réveillez tôt.

j. Tu te reposes un peu.

150 **Complétez cette recette de cuisine en écrivant les verbes entre parenthèses à l'impératif.**

Mousse au chocolat

Dans une petite casserole (casser) .... (a) le chocolat en morceaux avec une cuillerée d'eau. (Faire) .... (b) chauffer très doucement et (remuer) .... (c) (Verser) .... (d) le chocolat fondu dans un saladier. (Ajouter) .... (e) un à un les quatre jaunes d'œuf. (Tourner) .... (f) très vite. Puis (mettre) .... (g) une petite cuiller de café. (Monter) .... (h) les blancs d'œuf en neige. (Mélanger) .... (i) les blancs délicatement. (Mettre) .... (j) au frais quatre ou cinq heures, au réfrigérateur. (Servir) .... (k) la mousse avec des biscuits.

BILAN

151 **Complétez ce texte en écrivant les verbes entre parenthèses à l'impératif.**

CHEZ LE MÉDECIN

Docteur : (1) (Entrer) ...., madame. (2) (S'asseoir) .... Ça ne va pas ?

Mme Bertin : Oh non, ça ne va pas très bien ! J'ai mal au dos.

Docteur : Alors (3) (voir) .... ça ! (4) (Se déshabiller) .... et (5) (s'installer) .... là. Non, (6) (ne pas se mettre) .... sur le dos mais sur le ventre. Avez-vous mal tout le temps ?

Madame Bertin : Surtout en fin de journée.

Docteur : Prenez-vous un peu de temps chaque jour pour vous reposer ?

Madame Bertin : Malheureusement, non. Mais demain je pars en vacances à la mer.

Docteur : C'est très bien, ça. (7) (Dire) ....-moi : faites-vous un travail physique ?

Madame Bertin : Oui. Je suis coiffeuse.

Quelques minutes plus tard.

Docteur : (8) (Se rhabiller) .... madame. Ce n'est pas grave. Je vous donne des médicaments pendant un mois. (9) (Profiter) .... de vos vacances, mais surtout (10) (faire attention) .... : (11) (ne pas rester) .... longtemps debout ! (12) (Ne pas marcher) .... des heures. (13) (Se baigner) .... et (14) (nager) .... le plus possible. Enfin, (15) (se reposer) .... à l'ombre.

Mme Bertin : Je ne peux pas me mettre au soleil ?

Docteur : Si, bien sûr, (16) (se mettre) .... au soleil mais (17) (ne pas s'exposer) .... longtemps.

Mme Bertin : Merci, docteur.

Docteur : (18) (passer) .... de bonnes vacances.

IX. LA NÉGATION

L'ARGENT N'A PAS D'ODEUR.

A. La négation simple

152 **Complétez les réponses suivantes avec *ne* ou *n'*.**

✓ Exemple : Tu habites à Paris ? ▶ Non, je ***n'***habite pas ici.

a. J'ouvre la fenêtre ? Non, merci je .... ai pas chaud.

b. Elle connaît la cuisine chinoise ? Non, elle .... connaît pas cette cuisine.

c. Tu aimes les gâteaux ? – Non, je .... aime pas ça.

d. Tu manges avec moi ? – Non, je .... ai pas faim.

e. Tu bois un verre ? – Non merci, je .... ai pas soif.

f. Tu viens au café ? – Non, désolé, je .... peux pas.

g. Il veut un pull ? – Non, il .... a pas froid.

h. Tu travailles ? – Non, je .... travaille pas.

i. Il dort ? – Non, il .... a pas sommeil.

j. Il a peur ? – Non, il .... a pas peur.

153 **Remettez les phrases dans l'ordre.**

✓ Exemple : la / vient / prochaine / pas / on / semaine / ne
▶ On ne vient pas la semaine prochaine.

a. connaissez / ne / pas / vous / ami / mon

b. s'/ appelle / pas / ne / Sylvie / elle

c. bien / travailles / ne / tu / pas

d. parle / ne / bien / je / français / pas

e. n'/ pas / monsieur Delarue / êtes / vous

f. ce / pas / est / difficile / n'

g. pas / elle / n'/ jolie / est

h. sais / je / pas / ne

i. pas / nous / à / Marseille / habitons / n'

j. ils / la / ne / télévision / regardent / pas

154 **Répondez aux questions par des phrases négatives.**

✓ Exemple : Vous venez à l'école ? ▶ Non, je ne viens pas à l'école.

a. Vous allez au travail en voiture ?

b. Vous habitez en France ?

c. Vous travaillez dans une banque ?

f. Vous comprenez l'arabe ?

g. Vous êtes étudiant ?

h. Vous sortez en discothèque ?

d. Vous partez en vacances ?

e. Vous connaissez le professeur ?

i. Vous parlez chinois ?

j. Vous lisez le journal ?

155 Dites le contraire.

✓ Exemple : Carmen est vénézuélienne. ♦ Carmen n'est pas vénézuélienne.

a. Dominique est professeur de français.

b. Il fait chaud.

c. Tu as 33 ans.

d. Vous prenez le métro.

e. Pierre aime les livres.

f. Je regarde la télévision.

g. Elles habitent aux États-Unis.

h. Vous écoutez les informations.

i. Elle s'appelle Évelyne.

j. Ils étudient en France.

156 Répondez négativement et complétez.

✓ Exemple : Ils lisent des livres. (des magazines)
♦ Ce ne sont pas des livres, ce sont des magazines.

a. Ils parlent avec des amis ? (des voisins)

b. Il mange des bonbons ? (des gâteaux)

c. Vous habitez dans un appartement ? (une maison)

d. Tu connais un acteur ? (un écrivain)

e. Elle a une voiture ? (une moto)

f. Vous prenez un bus ? (un train)

g. Tu regardes des photos ? (des dessins)

h. Elle achète des pommes ? (des oranges)

i. Il a un garçon ? (une fille)

j. Elles ont des chiens ? (des chats)

157 Répondez négativement à ces questions (plusieurs possibilités).

✓ Exemple : Aimes-tu lire ? ♦ Je n'aime pas lire.

a. Préférez-vous rester chez vous ?

b. Allez-vous au ski ?

c. Aimez-vous beaucoup voyager ?

d. Détestes-tu aller à l'Opéra ?

e. Penses-tu sortir ce soir ?

f. Elle danse dans les discothèques ?

g. Il habite la campagne ?

h. Tu veux partir à la montagne ?

i. Vous lisez Victor Hugo ?

j. Apprécies-tu le jazz ?

158 Remettez les phrases dans l'ordre.

✓ Exemple : s'/ pas / il / Julien / ne / appelle ♦ Il ne s'appelle pas Julien.

a. travaille / ne / pas / je

b. un / est / pas / dictionnaire / ce / n'

c. photos / sont / pas / ce / des / ne

d. regarder / n'/ la / télévision / je / aime / pas

e. vous / pas / ne / français / parlez

f. sont / Sophie / et / Nicolas / ce / pas / ne

g. nous / pas / habiter / à / Paris / ne / voulons

h. comprend / elle / pas / ne

i. pas / venir / soir / je / ce / ne / peux

j. Durand / pas / monsieur / n'/ ce / est

B. La négation avec changement de déterminant

159 Faites des réponses négatives.

✓ Exemples : Vous avez des frères ? ▶ Je n'ai pas de frères.
            Avez-vous une sœur ? ▶ Je n'ai pas de sœur.

a. Vous avez un petit ami ?

b. Avez-vous des copains ?

c. Avez-vous une voisine ?

d. Vous avez des parents ?

e. Avez-vous un collègue ?

f. Avez-vous une tante ?

g. Avez-vous des nièces ?

h. Vous avez une grand-mère ?

i. Vous avez des cousins ?

j. Avez-vous un chien ?

160 Interdisez la pratique de ces sports suivant le modèle.

✓ Exemple : la natation ▶ Il ne faut pas faire de natation.

a. le tennis

b. le football

c. le ski

d. le vélo-cross

e. le rugby

f. la boxe

g. l'équitation

h. l'escrime

i. le basket

j. la voile

161 Répondez par des phrases négatives.

✓ Exemples : Du thon, vous en voulez ? ▶ Je ne veux pas *de* thon.
            De la vinaigrette, tu en prends ? ▶ Je ne prends pas *de* vinaigrette.

a. Du bifteck, vous en mangez ?

b. De l'alcool, vous en buvez ?

c. Du pain, vous en achetez ?

d. De la soupe, tu en as ?

e. De la mousse au chocolat, tu en fais ?

f. Du rôti, tu en manges ?

g. De l'eau, vous en voulez ?

h. Du jus de fruits, tu en bois ?

i. De la tarte aux fraises, vous en avez ?

j. De l'armagnac, vous en voulez ?

162 Reliez les questions et les réponses qui vont ensemble.

✓ Exemples : Avez-vous du feu ? ◗ Non, je n'ai pas de feu.
Avez-vous encore des fruits ? ◗ Non, je n'ai plus de fruits.

a. Avez-vous une voiture ?   1. Je n'ai plus de travail.

b. Avez-vous de l'argent ?   2. On n'a pas d'électricité.

c. Avez-vous encore du courage ?   3. Nous n'avons plus de voiture.

d. Avez-vous du travail ?   4. Je n'ai plus d'argent.

e. Avez-vous encore de l'électricité ? 5. On n'a plus d'électricité.

f. Avez-vous encore de l'argent ?   6. Je n'ai pas de courage.

g. Avez-vous encore une voiture ?   7. Je n'ai pas de travail.

h. Avez-vous encore du travail ?   8. Je n'ai pas d'argent.

i. Avez-vous de l'électricité ?   9. Nous n'avons plus de courage.

j. Avez-vous du courage ?   10. On n'a pas de voiture.

163 Refusez poliment en suivant le modèle.

✓ Exemple : Prenez donc une part de gâteau. ◗ Non merci, pas de gâteau.

a. Prenez donc une tranche d'ananas !

b. Prenez donc un morceau de fromage !

c. Prenez donc une boule de glace !

d. Prenez donc une coupe de champagne !

e. Prenez donc un bol de lait !

f. Prenez donc un bout de pain !

g. Prenez donc un verre de vin !

h. Prenez donc une barquette de tomates !

i. Prenez donc une bouteille de bière !

j. Prenez donc une tasse de café !

164 Répondez à ces questions en suivant le modèle.

✓ Exemples : Vous écoutez les nouvelles ? ◗ Non, je n'écoute pas les nouvelles.
Vous avez une chaîne stéréo ? ◗ Non, nous n'avons pas de chaîne stéréo.

a. Vous lisez le journal ?   f. Avez-vous un magnétoscope ?

b. Avez-vous le numéro spécial mode ?   g. Vous achetez un hebdomadaire ?

c. Tu suis les actualités ?   h. Regardes-tu la télévision ?

d. Achetez-vous des magazines ?   i. Vous lisez des revues ?

e. Tu aimes les quotidiens ?   j. C'est un mensuel ?

165 Complétez cette enquête sur les vacances des Français en utilisant la négation.

Jeune homme : Excusez-moi, madame. Acceptez-vous de répondre à quelques questions sur les vacances des Français ?

La dame : Non, désolée, je (1) .... (avoir le temps).

J.H : Mais ça ne dure que cinq minutes.

La dame : Dans ce cas, d'accord.

J.H : Est-ce que vous partez en vacances deux fois par an ?

La dame : Non, je (2) .... (partir) l'hiver.

J.H : Est-ce que vous êtes célibataire ?

La dame : Non, je (3) .... (être) célibataire : j'ai un mari et deux enfants.

J.H : Avez-vous une maison de campagne ?

La dame : Non, nous (4) .... (avoir une) maison de campagne.

J.H : Allez-vous à l'étranger ?

La dame : Nous (5) .... (voyager) à l'étranger. Nous restons en France.

J.H : Logez-vous à l'hôtel ?

La dame : Non, nous (6) .... (avoir l'habitude) d'y aller, nous louons en général une maison.

J.H : Allez-vous à la mer ?

La dame : Oui, pour les enfants. Mais mon mari et moi, nous (7) .... (aimer) beaucoup.

J.H : Partez-vous en août ?

La dame : Non, je (8) .... (comprendre) pourquoi les Français préfèrent ce mois-là. Nous partons en juillet.

J.H : Partez-vous quatre semaines l'été ?

La dame : Non, ce (9) .... (être) possible. Nous (10) .... (pouvoir) louer une maison si longtemps.

J.H : Est-ce que vous pratiquez un sport pendant vos vacances ?

La dame : Moi, je (11) .... (faire du sport), mon mari, lui, joue au tennis.

J.H : Connaissez-vous des îles françaises ?

La dame : Oui. Belle-Île, l'île de Ré, la Corse. Mais ce (12) .... (être) des îles lointaines comme les Antilles.

J.H : Avez-vous des projets pour vos prochaines vacances ?

La dame : Oui. Ce (13) .... (être) un voyage original. Nous allons sur la Côte d'Azur. Pour le temps, nous sommes sûrs qu'il (14) y .... (avoir) de mauvaise surprise.

X. L'INTERROGATION SIMPLE : EST-CE QUE / QU'EST-CE QUE INVERSION DU SUJET

MAMAN, LES PETITS BATEAUX ONT-ILS DES JAMBES ?

166 Transformez les questions d'après le modèle.

✓ Exemple : Tu as un stylo ? ▶ Est-ce que tu as un stylo ?

a. Elle prend des cours ?
b. Il fait l'exercice ?
c. Vous êtes étudiant ?
d. C'est le crayon de Sylvie ?
e. On va à l'école ?

f. Tu as un dictionnaire ?
g. Vous aimez le français ?
h. Il connaît le professeur ?
i. Elle corrige la dictée ?
j. Tu fais des études ?

167 Posez les questions d'une autre façon.

✓ Exemples : Est-ce que vous avez une veste ? ▶ Vous avez une veste ?
Il achète une chemise ? ▶ Est-ce qu'il achète une chemise ?

a. Est-ce que vous portez des jupes d'habitude ?
b. Vous mettez une robe ce soir ?
c. Il porte un pantalon blanc ?
d. Est-ce que tu as un pull ?
e. Est-ce qu'elle aime s'habiller ?
f. Il est très élégant ?
g. Vous aimez le noir ?
h. Est-ce que tu portes une cravate demain ?
i. Est-ce qu'elle s'habille à la mode ?
j. Tu mets un tailleur aujourd'hui ?

168 Trouvez la question.

✓ Exemple : Est-ce qu'il est médecin ? ◀ Non, il est professeur.

a. .... ? Non, nous ne connaissons pas Paris.
b. .... ? Oui, elle habite avenue des Champs-Élysées.
c. .... ? Oui, j'aime la pyramide du Louvre.
d. .... ? D'accord, on visite la tour Eiffel.
e. .... ? Non, il prend le métro.

f. .... ? Oui, elle adore la mode parisienne.

g. .... ? Désolé, jeudi je ne suis pas libre.

h. .... ? D'accord, on va au musée d'Orsay.

i. .... ? Excusez-moi, je suis fatigué. Je ne vais pas au café.

j. .... ? Oui, nous dînons au restaurant le samedi.

169 Choisissez la bonne réponse.

✓ Exemple : Est-ce que tu vas sur la côte d'Azur ? ▸ 1. ☒ Bien sûr, **je prends le train pour Cannes.**

a. Est-ce que tu vas sur la côte d'Azur ?
- 1. ☐ Bien sûr, je prends le train pour Cannes.
- 2. ☐ Tu n'aimes pas l'avion.
- 3. ☐ Je voyage seule.

b. Est-ce que tu pars pour New-York avec moi ?
- 1. ☐ Tu pars tous les mois.
- 2. ☐ Désolé, je n'ai pas de vacances.
- 3. ☐ Je vais chez mes parents.

c. Est-ce que vous voyagez en voiture ?
- 1. ☐ Elle déteste le bateau.
- 2. ☐ Nous visitons l'Espagne.
- 3. ☐ Non, cette année nous voyageons en train.

d. Est-ce que tu vas à l'étranger ?
- 1. ☐ Je suis étranger.
- 2. ☐ Tu vas en Europe.
- 3. ☐ Non, je préfère rester en France.

e. Est-ce que vous partez à la montagne ?
- 1. ☐ Elle a froid.
- 2. ☐ Oui, j'adore le ski.
- 3. ☐ Je n'aime pas le soleil.

f. Est-ce qu'elle a des vacances ?
- 1. ☐ Bien sûr, elle a trois semaines de vacances.
- 2. ☐ Je ne pars pas en vacances.
- 3. ☐ Elle prend des vacances.

g. Est-ce qu'ils font une croisière ?
- 1. ☐ Oui, ils visitent les îles grecques.
- 2. ☐ Ils font de la cuisine grecque.
- 3. ☐ Il aime les Grecs.

h. Est-ce que vous visitez l'Angleterre ?
- 1. ☐ On habite avec un Anglais.
- 2. ☐ Non, elle ne parle pas anglais.
- 3. ☐ Oui, on va à Londres et à Bristol.

i. Est-ce que Bernard passe le week-end à la campagne ?
- 1. ☐ Je travaille ce week-end.
- 2. ☐ Oui, nous sommes d'accord.
- 3. ☐ Non, il reste chez lui ce week-end.

j. Est-ce que nous sortons à moto ?

       1. ☐ Nous allons au garage.

       2. ☐ Oui, nous partons tout de suite.

       3. ☐ Je pars à l'heure.

170 Inversion du sujet. Transformez les questions d'après les modèles.

✓ Exemples : Vous êtes malade ? ▶ Êtes-vous malade ?
           C'est un médecin ? ▶ Est-ce un médecin ?

a. Tu préfères dormir ?

b. Vous êtes fatigués ?

c. Tu as froid ?

d. Vous voulez un verre d'eau ?

e. Elle connaît l'hôpital ?

f. Tu as soif ?

g. Vous allez chez le dentiste ?

h. Vous avez mal à la tête ?

i. Il peut téléphoner au médecin ?

j. C'est grave ?

171 Inversion du sujet. Transformez les questions d'après le modèle.

✓ Exemple : Elle a les yeux verts ? ▶ A-t-elle les yeux verts ?

a. Il a une grande bouche ?

b. Elle mesure 1m 70 ?

c. Il est châtain ?

d. Il a les cheveux blonds ?

e. Elle est bronzée ?

f. Il porte la barbe ?

g. Elle semble fatiguée ?

h. Elle est brune ?

i. Il est grand ?

j. Elle se maquille ?

172 Transformez les questions suivant le modèle.

✓ Exemple : Est-ce que Marie et Louis jouent au tennis ? ▶ Marie et Louis jouent-ils au tennis ?

a. Est-ce que Julien marche vite ?

b. Est-ce que les enfants courent longtemps ?

c. Est-ce que Patrick et Jeanne dansent bien ?

d. Est-ce que Boris saute haut ?

e. Est-ce que Gaël et Mélissa jouent au basket ?

f. Est-ce que Claudine fait de la natation ?

g. Est-ce que les parents montent à cheval ?

h. Est-ce que Célia fait du vélo ?

i. Est-ce que Patricia joue aux boules ?

j. Est-ce que Laurent et Christophe font du ski ?

173 Remettez les questions dans l'ordre.

✓ Exemple : très / est / petit / -il ? ▶ Est-il très petit ?

a. a / bleus / il / est / -ce / yeux / qu' / les ?

b. longs / les / elle / cheveux / a ?

c. grand / -il / est ?

d. des / -vous / lunettes / portez ?

e. est / a / -ce / nez / qu'/ petit / un / elle ?

f. -tu / peau / sèche / as / la ?

g. cheveux / courts / a / les / -t/-elle ?

h. est / es / que / -ce / gentille / tu ?

i. moustache / -il / une / -t / a ?

j. je / est / belle / que / suis / -ce ?

174 Trouvez la bonne question.

✓ Exemple : Qu'est-ce que vous décidez ? ◀ Nous décidons de sortir ce soir.

a. .... ? C'est une photo.

b. .... ? Nous voulons partir.

c. .... ? Je fais ma valise.

d. .... ? Je dis : je ne suis pas là ce week-end.

e. .... ? Nous aimons danser.

f. .... ? Je préfère rester à la maison.

g. .... ? Tu dois faire ton exercice.

h. .... ? J'adore lire.

i. .... ? Nous détestons travailler.

j. .... ? Je désire boire.

175 Trouvez la bonne réponse.

✓ Exemple : Qu'est-ce que tu regardes comme film ? ◆ 3. ☒ J'aime les films policiers.

a. Qu'est-ce que tu regardes comme film ?
   1. ☐ Non, je n'aime pas les acteurs.
   2. ☐ Je vais au cinéma.
   3. ☐ J'aime les films policiers.

b. Qu'est-ce que vous pratiquez comme sport ?
   1. ☐ Non, je déteste le ski.
   2. ☐ Le ski ; mais je préfère me promener en montagne.
   3. ☐ Elle joue au volley-ball.

c. Qu'est-ce qu'elle aime comme danse ?
   1. ☐ Le rock, mais elle danse mal.
   2. ☐ Non, elle ne sait pas danser.
   3. ☐ Elle joue une valse au piano.

d. Qu'est-ce que tu lis comme journal ?
   1. ☐ Non, je lis le soir.
   2. ☐ Oui, je lis le journal.
   3. ☐ Je lis *Le Monde*.

e. Qu'est-ce que vous écoutez comme musique ?
   1. ☐ Bien sûr, j'apprends le piano.
   2. ☐ J'adore le jazz.
   3. ☐ Je vais à l'opéra ce soir.

f. Qu'est-ce qu'il y a ?

       1. ❏ C'est vrai, il écoute la radio.

       2. ❏ Oui, il regarde la télévision.

       3. ❏ Je ne sais pas.

g. Qu'est-ce que c'est ?

       1. ❏ Oui, c'est un livre.

       2. ❏ C'est un magazine.

       3. ❏ Non, ce n'est pas un disque.

h. Qu'est-ce que vous jouez comme instrument ?

       1. ❏ Je joue de la trompette.

       2. ❏ D'accord, je joue à la balle.

       3. ❏ Oui, elle joue aux cartes.

i. Qu'est-ce qu'elles font dans la vie ?

       1. ❏ Oui, elles aiment la vie.

       2. ❏ Elles vivent ensemble.

       3. ❏ Elles sont infirmières.

j. Qu'est-ce que tu dis ?

       1. ❏ Vous pouvez répéter.

       2. ❏ Je ne dis rien.

       3. ❏ Elle dit toujours la même chose.

176   Inversion du sujet : transformez les phrases d'après les exemples.

✓ Exemples : Qu'est-ce que vous dites ? ▶ Que dites-vous ?
              Qu'est-ce qu'il aime ? ▶ Qu'aime-t-il ?

a. Qu'est-ce qu'elle voit ?

b. Qu'est-ce que tu écoutes ?

c. Qu'est-ce qu'elle offre ?

d. Qu'est-ce qu'il sent ?

e. Qu'est-ce que vous entendez ?

f. Qu'est-ce qu'il préfère ?

g. Qu'est-ce que nous faisons ?

h. Qu'est-ce qu'elle déteste ?

i. Qu'est-ce qu'elle écrit ?

j. Qu'est-ce qu'il y a ?

177   Remettez les questions dans l'ordre.

✓ Exemples : tu / -ce / manges / que / qu' / est / ? ▶ Qu'est-ce que tu manges ?
              boit / que / -il / ? ▶ Que boit-il ?

a. vous / -ce / qu' / que / est / désirez / boire / ?

b. prend / -il / que / ?

c. que / boire / voulez / -vous / ?

d. veut / que / -il / ?

e. -ce / qu'/ que / est / désirez / vous / ?

f. -elle / -t / aime / qu' / ?

g. buvez / -ce / qu' / est / vous / que / ?

h. -t / que / -elle / mange / ?

i. que / -vous / manger / voulez / ?

j. est / -ce / tu / que / préfères / qu' / ?

178 **Transformez d'après le modèle.**

✓ Exemple : Tu fais quoi ? ◗ Que fais-tu ?

a. Vous lisez quoi ?

b. Elle écoute quoi ?

c. Ils regardent quoi ?

d. Tu préfères quoi ?

e. Nous mangeons quoi ?

f. Elles adorent quoi ?

g. On écrit quoi ?

h. Vous prenez quoi ?

i. Elle déteste quoi ?

j. Il aime quoi ?

179 **Complétez avec** *est-ce que (qu'), qu'est-ce que (qu').*

✓ Exemple : *Qu'est-ce que* tu pratiques comme sport ?

a. .... tu es sportif ?

b. .... vous préférez ? Le football ou le rugby ?

c. .... il y a une piscine ?

d. .... vous faites du vélo ?

e. .... il regarde comme match ?

f. .... tu nages vite ?

g. .... elle joue au tennis ?

h. .... vous voulez comme sac de sport ?

i. .... nous faisons samedi ?

j. .... elle fait du sport ?

180 **Mettez en relation questions et réponses.**

✓ Exemple : Vous aimez l'Italie ? ◗ Oui, j'aime beaucoup Rome.

a. Vous aimez l'Italie ?

b. Est-ce que tu es espagnole ?

c. Qu'est-ce que c'est ?

d. Elle habite Marseille ?

e. Vous connaissez l'Europe ?

f. Qu'est-ce qu'il parle comme langue ?

g. Est-ce que tu parles allemand ?

h. Qu'est-ce qu'elle fait en France ?

i. Est-ce que tu as des amis à Paris ?

j. Qu'est-ce qu'il dit ?

1. Elle étudie la langue.

2. Oui, la Grèce et le Portugal.

3. Non, elle n'habite pas Marseille.

4. Non, je suis mexicaine.

5. C'est un livre.

6. Oui, je suis autrichien.

7. Il parle l'anglais et le japonais.

8. Oui, j'aime beaucoup Rome

9. Oui, ils habitent dans le cinquième arrondissement.

10. Je ne comprends pas.

181 **Complétez avec** *Est-ce* **ou** *Qu'est-ce que.*

✓ Exemples : *Est-ce que* tu vois quelque chose ?
Qu'est-ce que tu vois comme film ?

a. .... tu en penses ?

b. .... tu penses à elle ?

c. .... tu dis ?

d. .... tu dis oui ?

e. .... tu parles une langue étrangère ?

f. .... tu parles comme langue étrangère ?

g. .... tu entends dans la rue ?

h. .... tu entends la musique ?

i. .... tu écoutes la radio ?

j. .... tu écoutes comme musique ?

182 **Trouvez la bonne réponse.**

✓ Exemple : Qu'est-ce que tu fais pour Noël ? ♦ 2. ☒ J'invite ma famille à la maison.

a. Qu'est-ce que tu fais pour Noël ?

    1. ☐ Oui, je vais à la montagne.

    2. ☐ J'invite ma famille à la maison.

    3. ☐ Non, je n'achète pas de sapin de Noël.

b. Est-ce que tu restes à Paris pour le 14 Juillet ?

    1. ☐ Le 14 Juillet, c'est la fête nationale.

    2. ☐ Je n'aime pas cette fête.

    3. ☐ Non, je vais à Marseille.

c. Tu viens samedi à mon anniversaire ?

    1. ☐ Désolé, le week-end je suis à la campagne.

    2. ☐ D'accord, ils viennent samedi.

    3. ☐ Je suis désolé, j'ai un rendez-vous lundi.

d. Qu'offrez-vous pour Pâques ?

    1. ☐ Le chocolat, je déteste ça.

    2. ☐ D'accord, une tasse de chocolat.

    3. ☐ Un œuf en chocolat.

e. Est-ce qu'elle travaille le 1er Mai ?

    1. ☐ Elle ne travaille pas le 2 mai.

    2. ☐ Non, c'est la fête du Travail.

    3. ☐ Je ne travaille pas.

f. Allez-vous dans un cabaret pour la Saint-Sylvestre ?

    1. ☐ Le Moulin Rouge, je ne connais pas.

    2. ☐ Oui, nous allons au Lido.

    3. ☐ Le Crazy Horse se trouve avenue Georges V.

g. Qu'offrez-vous comme cadeau pour la Saint-Valentin ?

    1. ☐ Oui, j'offre des fleurs.

    2. ☐ C'est le cadeau de Sophie.

    3. ☐ Un bouquet de roses rouges.

h. Est-ce que tu connais le jour de ta fête ?

    1. ☐ Oui, c'est le 24 juin.

    2. ☐ D'accord, je viens dîner le 24.

    3. ☐ J'aime les grandes fêtes.

i. Que mangez-vous pour le réveillon de Noël ?
    1. ☐ Non, un paquet de cigarettes.
    2. ☐ Une belle dinde aux marrons.
    3. ☐ J'adore le champagne.

j. Qu'est-ce qu'ils achètent pour le mariage de Gaël ?
    1. ☐ Non, ils ne viennent pas au mariage.
    2. ☐ Excusez-moi, je ne connais pas le marié.
    3. ☐ Ils offrent un lave-linge.

183 **Fabriquez les questions avec les éléments de A et B (plusieurs réponses possibles).**

✓ Exemple : Est-ce que tu préfères rester en Afrique ?

A	B
1. Est-ce que	a. il fait au Portugal ?
2. Est-ce qu'	b. vous mangez en Italie ?
3. Qu'est-ce que	c. boit-on au Japon ?
4. Qu'est-ce qu'	d. achète-t-elle en France ?
5. Que	e. elle habite aux États-Unis ?
6. Qu'	f. tu préfères rester en Afrique ?
	g. ils pensent de la Suisse ?
	h. on parle comme langue en Finlande ?
	i. faites-vous en Espagne ?
	j. Il y a des pyramides au Mexique ?

184 **Complétez les questions de ce dialogue.**

PROJETS DE WEEK-END

Olivier : .... (1) tu fais ce week-end ?

Florence : Je ne sais pas.................... (2) tu peux me donner des idées ?

Olivier : Bien sûr.................... (3) (vouloir partir) loin de Paris ?

Florence : Non, pas très loin.

Olivier : .... (4) (avoir) une voiture ?

Florence : Oui.

Olivier : .... (5) préfères-tu ? Un week-end sportif ou culturel ?

Florence : Les deux si possible.

Olivier : Alors, à soixante-cinq kilomètres de Paris, tu peux visiter Fontainebleau.

Florence : .... (6) (il y a) à voir ?

Olivier : .... (7) (aimer) les châteaux ?

Florence : Oui.

Olivier : Eh bien, le château de Fontainebleau est un bijou de l'art de la Renaissance. Et il y a aussi la grande forêt de Fontainebleau .... (8) tu aimes marcher ?

Florence : Moi, oui, mais Patrick n'aime pas ça.

Olivier : Alors .... (9) (aimer) l'escalade ?

Florence : Oh oui, il adore.

Olivier : Le matin, vous pouvez faire une randonnée et l'après-midi de l'escalade sur les rochers.

Florence : C'est parfait !

Olivier : Une dernière chose à voir : le village de Barbizon. Il est célèbre pour sa nature et ses peintres : Monet, Renoir, etc.

Florence : .... (10) il y a un bon restaurant à Barbizon ?

Olivier : Oui, je connais l'Hostellerie de la Clé d'Or.

Florence : Merci, Olivier, pour tous ces renseignements. Je vais en parler à Patrick. À lundi !

XI. AUTRES INTERROGATIONS

Qui a cassé le vase de Soissons ?

185 **Complétez ces questions par** *qui, que* **ou** *qu'.*

✓ Exemple : *Que* lis-tu ?

a. Pour .... travaillez-vous ?
b. .... accompagne Brigitte à la piscine ?
c. .... prenez-vous comme dessert ?
d. .... veux-tu savoir ?
e. .... invitez-vous ?
f. Chez .... habitez-vous ?
g. Avec .... jouent les enfants ?
h. .... achetez-vous pour Julien ?
i. .... emportez-vous en voyage ?
j. .... pensent-elles ?

186 **Complétez par** *que, qu'* **ou** *quoi.*

✓ Exemples : À *quoi* penses-tu ?
    Que voulez-vous ?

a. On commence par .... ?
b. .... écoutez-vous comme musique ?
c. .... regardez-vous ?
d. .... vendent-elles ?
e. .... aimez-vous comme magazines ?
f. .... décides-tu ?
g. De .... parlez-vous ?
h. .... prend-on ?
i. .... annonce-t-on à la météo ?
j. De .... rêvez-vous ?

187 **Reformulez ces questions de façon plus soutenue.**

✓ Exemples : Qu'est-ce que vous désirez ? ◗ Que désirez-vous ?
    Qui est-ce que tu vois ? ◗ Qui vois-tu ?
    Tu prends quoi ? ◗ Que prends-tu ?

a. Qu'est-ce que tu prends comme dessert ?
b. Elle pense quoi de ce discours ?
c. Qui est-ce que vous invitez ce week-end ?
d. Qu'est-ce que tu fais demain ?

e. Elles rangent quoi ?

f. Qui est-ce qui va au cinéma avec toi ?

g. Qui est-ce qui peut m'aider ?

h. On mange quoi ce soir ?

i. Qu'est-ce que vous emportez comme vêtements ?

j. Qui est-ce qui t'a dit ça ?

188 **Voici des réponses. Posez les questions correspondantes en employant :** *à qui, de qui, pour qui, chez qui, sur qui...*

✓ Exemple : Je pars <u>avec</u> mes parents. ▶ *Avec qui* pars-tu ?

a. J'écris <u>à</u> des amis.

b. Elle peut compter <u>sur</u> son frère.

c. Nous parlons <u>de</u> Mme Vincent.

d. Elles vivent <u>chez</u> des copines.

e. Je lis <u>à côté de</u> ma sœur.

f. On a des problèmes <u>à cause de</u> Pierre.

g. Adressez-vous <u>à</u> la secrétaire.

h. Elle pense souvent <u>à</u> sa grand-mère.

i. Nous connaissons la nouvelle <u>par</u> le directeur.

j. Cette robe est <u>pour</u> Sophie.

189 **Posez des questions correspondant aux mots soulignés en employant** *où.*

✓ Exemples : Le train arrive <u>à Lyon</u>.
  ▶ *Où* arrive le train ?
  ▶ *Où* le train arrive-t-il ?
  ▶ *Où* est-ce que le train arrive ?

a. Je descends <u>à la station Rennes</u>.

b. Nous passons nos vacances <u>en Bretagne</u>.

c. La Sorbonne se trouve <u>dans le 5e arrondissement</u>.

d. <u>À La Rochelle</u>, il y a beaucoup de rues piétonnes.

e. <u>Au Portugal</u>, l'océan est très froid.

f. Nicolas dort <u>sur la plage</u>.

g. <u>En face</u>, vous pouvez voir le musée d'Orsay.

h. Vos bagages sont <u>dans votre chambre</u>.

i. Le prochain village se trouve <u>à trois kilomètres</u>.

j. Les toilettes sont <u>tout de suite à droite</u>.

190 **Posez des questions en employant** *où, d'où* **et** *par où.*

✓ Exemple : Maria vient du Brésil ▶ *D'où* vient Maria ?
  ▶ *D'où* Maria vient-elle ?
  ▶ *D'où* est-ce que vient Maria ?

a. On passe par Rouen.

b. Sabine travaille à la Banque populaire.

c. M. Durant rentre de Chicago.

d. Cet été, mes parents vont en Irlande.

e. Ce bus part de la place de la Mairie.

f. Antoine et Nicolas jouent dans la forêt.

g. Thomas est tombé de l'arbre.

h. Je préfère revenir par le Massif central.

i. Cette lettre vient du Japon.

j. Nous allons passer la nuit à Orléans.

191 Posez des questions correspondant aux mots soulignés en employant *quand*.

✓ Exemple : Les cours commencent à 8 heures.
  ▶ *Quand* commencent les cours ?
  ▶ *Quand* les cours commencent-ils ?
  ▶ *Quand* est-ce que les cours commencent ?

a. Nous allons à la montagne la semaine prochaine.

b. Pour Noël, les familles se réunissent.

c. Ils se marient le 15 juillet.

d. Le samedi soir, les cinémas sont complets.

e. Nous allons téléphoner aux environs de midi.

f. Le facteur passe vers 9 heures.

g. La rentrée des classes est en septembre.

h. Elles boivent un café dans la matinée.

i. Ce magasin ferme à la fin du mois.

j. On déjeune à 13 heures.

192 Complétez les questions suivantes par *quand* ou bien *où* en tenant compte des réponses.

✓ Exemple : *Quand* passerez-vous ? – Dans la soirée.

a. . . . . travailles-tu ? – En banlieue.

b. . . . . allez-vous au théâtre ? – Au palais de Chaillot.

c. . . . . ta sœur a-t-elle passé son bac ? – Il y a vingt ans.

d. . . . . déménagez-vous ? – Début août.

e. . . . . pars-tu ? – À 20 h 35.

f. . . . . ton mari fait-il les courses ? – Le samedi.

g. . . . . commence le film ? – Dans vingt minutes.

h. . . . . vos amis passent-ils leurs vacances ? – Sur la Côte d'Azur.

i. . . . . tes parents habitent-ils ? – Dans le Sud.

j. . . . . faites-vous du sport ? – Au Gymnase Club.

193 Posez des questions en employant *pourquoi*.

✓ Exemple : Ses copains ne sortent pas à cause de la pluie.
  ▶ *Pourquoi* ses copains ne sortent pas ?

▸ *Pourquoi* ses copains ne sortent-ils pas ?
▸ *Pourquoi* est-ce que ses copains ne sortent pas ?

a. Les métros ne circulent pas en raison de la grève.

b. C'est parce qu'il a son bac que ses parents lui achètent une moto.

c. Les vacances sont bonnes grâce au beau temps.

d. Comme nous sommes fatigués, nous rentrons de bonne heure.

e. Elle ne se sent pas bien, c'est pour ça qu'elle se couche tôt.

f. À cause de l'orage, la télévision marche mal.

g. Je ne mange pas parce que je n'ai pas faim.

h. Tu vas gagner puisque tu es le meilleur.

i. En raison d'une panne, vous ne pouvez pas prendre l'ascenseur.

j. Il n'écoute pas parce que ça ne l'intéresse pas.

194 Associez questions et réponses (plusieurs possibilités).

✓ Exemple : Où dînez-vous ? ▸ Chez des amis.

a. Où dînez-vous ?

b. Ton frère dort où ce soir ?

c. Vous changez de voiture, pourquoi ?

d. Quand finit le film ?

e. Tu commences quand ?

f. Où pratiques-tu le golf ?

g. Pourquoi tes amis ne viennent-ils pas ?

h. Pourquoi ta sœur rentre-t-elle si tard ?

i. Quand changez-vous de travail ?

j. Pourquoi n'es-tu pas content ?

1. Parce qu'ils sont occupés.

2. Dans une heure.

3. En province.

4. La nôtre marche mal, c'est pour ça.

5. Parce qu'elle travaille dans un bar.

6. Chez des amis.

7. Le mois prochain.

8. À l'hôtel.

9. Parce que j'ai des ennuis.

10. Lundi prochain.

195 Posez des questions en employant *comment*.

✓ Exemple : Nous partons en avion.
  ▸ *Comment* partez-vous ?
  ▸ Vous partez *comment* ?
  ▸ *Comment* est-ce que vous partez ?

a. J'étais plus gros l'an dernier.

b. Jean parle mal l'allemand.

c. Ta nouvelle jupe est trop large.

d. Nous circulons dans Paris à moto.

e. Elle voyage avec des amis.

f. Mes parents vont bien, merci.

g. Son mari va travailler en voiture.

h. Elle accepte bien cette décision.

i. Le ciel est bleu ce matin.

j. Ses amis jouent bien aux cartes.

196 Reformulez ces questions en employant *comment*.

✓ Exemple : Alors, ces vacances ? ▸ Comment se passent ces vacances ?

a. Et ton père, il va mieux ?

b. Vous arrivez à faire tout ça ?

c. Ta voiture, elle marche bien ?

f. Alors, son nouveau copain, il est sympa ?

g. Cet appareil photo, je ne sais pas l'utiliser, tu m'aides ?

h. Bénédicte conduit bien ou mal ?

d. Vos amis canadiens, ils arrivent
   en bateau ou en avion ?
e. Ce film, raconte-moi !

i. Thomas travaille bien ?
j. Dis-moi, la mariée, elle est belle ?

197 **Voici des réponses. Posez des questions en employant** *combien*.

✓ Exemple : Ce portefeuille, il coûte 250 francs.
   ▶ *Combien* coûte ce portefeuille ?
   ▶ Ce portefeuille, il fait *combien* ?
   ▶ C'est *combien* ce portefeuille ?
   ▶ Il est à *combien* ce portefeuille ?

a. Un melon ? 10 francs.
b. C'est 9 francs le kilo.
c. Ce vin est cher ; il fait 58 francs la bouteille.
d. Le pull rouge, il est à 300 francs.
e. 5 francs les deux concombres.
f. Vous me devez 56 francs.
g. Les huîtres, elles coûtent 32 francs la douzaine.
h. Ce sac n'est pas cher, seulement 200 francs.
i. Deux litres de lait, ça fait 9,60 francs.
j. Une baguette, c'est 4 francs.

198 **Associez questions et réponses (plusieurs possibilités).**

✓ Exemple : Un sandwich et un café, ça fait combien ? ▶ Ça fait 28 francs.

a. Un sandwich et un café, ça fait combien ?
b. Vous gagnez combien ?

c. Tu mesures combien ?
d. On a besoin de combien de personnes ?
e. Ils ont combien d'enfants ?
f. Combien tu pèses ?
g. Une glace, c'est combien ?
h. Combien je vous dois ?
i. Ils paient combien de loyer ?
j. Tu travailles depuis combien de temps ?

1. Trois personnes, ça ira.
2. Simple, c'est 7 francs, double, c'est 12 francs.
3. Je fais 52 kilos.
4. Ils paient 2 800 francs par mois.
5. 1m. 68.
6. En tout, vous me devez 185 francs.
7. Ça fait 28 francs.
8. Je crois qu'ils ont deux filles.
9. Je gagne 7 000 francs par mois.
10. Ça fait dix ans.

199 **Complétez ces questions avec** *quel, quelle, quels* **ou** *quelles*.

✓ Exemple : *Quel* jour sommes-nous ?

a. À .... heure tu sors ?
b. .... sont vos chanteurs préférés ?
c. De .... couleur est votre voiture ?
d. On prend .... avion ?
e. De .... articles parlez-vous ?
f. Il part avec .... valises ?
g. .... est ton nom ?

h. Vous partez par .... chemin ?

i. .... sont vos capitales préférées ?

j. Elle travaille dans .... entreprise ?

200 Voici des réponses. Posez des questions en employant *quel*, *quelle*, *quels* ou *quelles*.

✓ Exemples : Je préfère le jeudi. ▶ *Quel* jour préfères-tu ?
Ma taille, c'est 40. ▶ *Quelle* est ta taille ?

a. Mon âge ? 31 ans.

b. Mon numéro de téléphone, c'est le 45 50 22 30.

c. La puissance de ma voiture ? C'est une 9 chevaux.

d. Mon prénom, c'est Sophie.

e. Les chaussures que je cherche, ce sont des bottes noires.

f. Mon adresse, c'est rue Bosquet, au 35.

g. Je pratique le tennis et la natation.

h. Le disque que j'écoute le plus souvent, c'est le dernier album de M C Solar.

i. Mes couleurs préférées, ce sont le bleu et le blanc.

j. Mes auteurs préférés sont Duneton et Yourcenar.

201 Cochez la bonne réponse.

✓ Exemple : Qu'écoutes-tu ?
1. ❏ À la maison   2. ☒ Du jazz   3. ❏ Demain.

a. Où partez-vous ?
1. ❏ La semaine prochaine.   2. ❏ En avion.   3. ❏ En Italie.

b. Quel est ton jour libre ?
1. ❏ À 8 heures.   2. ❏ Deux par semaine.   3. ❏ Le lundi.

c. Tu penses à quoi ?
1. ❏ À mon déménagement.   2. ❏ À mes sœurs.   3. ❏ Sophie.

d. C'est combien ?
1. ❏ Du 37.   2. ❏ 53 kilos.   3. ❏ 25 francs.

e. C'est comment ?
1. ❏ C'est 18 francs.   2. ❏ C'est Pierre.   3. ❏ C'est bizarre.

f. Pourquoi ne viennent-ils pas ?
1. ❏ Parce qu'ils sont occupés.   2. ❏ Par la télé.   3. ❏ En avion.

g. C'est quoi ?
1. ❏ C'est Alice.   2. ❏ C'est en fer.   3. ❏ C'est une surprise.

h. On arrive quand ?
1. ❏ En Espagne.   2. ❏ De la nuit.   3. ❏ À 6 heures.

i. Vous parlez de quoi ?
1. ❏ Toi.   2. ❏ De son frère.   3. ❏ Des vacances.

j. Ils passent par où ?
1. ❏ Par lettre.   2. ❏ Par l'Italie.   3. ❏ Par bateau.

202 **Associez questions et réponses.**

✓ Exemple : Mme Dufour voyage comment ? ▶ En train couchette.

a. Mme Dufour voyage comment ?
b. Pourquoi préfère-t-elle voyager de nuit ?
c. Le billet fait quel prix ?
d. Avec qui voyage-t-elle ?
e. Où va-t-elle ?
f. Son train part à quelle heure ?
g. Combien de temps part-elle ?
h. Quand prend-elle le train ?
i. Combien de places veut-elle ?
j. Comment paie-t-elle les billets ?

1. À 21 h 06.
2. Trois.
3. Avec ses deux enfants.
4. Deux semaines.
5. En train-couchette.
6. Le 25 septembre.
7. Par chèque.
8. Pour gagner du temps.
9. À Bordeaux.
10. 585 francs l'aller.

203 **Complétez les réponses suivantes avec *pour* ou *parce que*.**

✓ Exemple : Pourquoi marches-tu si vite ? ***Pour*** arriver à l'heure.

a. Pourquoi boit-elle du café ? .... se réveiller.
b. Pourquoi allez-vous dans cette école ? .... étudier le français.
c. Tu pars très tôt, pourquoi ? .... ne pas être en retard.
d. Elle mange peu, pourquoi ? .... elle a peur de grossir.
e. Pourquoi est-il de mauvaise humeur ? .... il a des ennuis.
f. Pourquoi vas-tu à la bibliothèque ? .... emprunter des livres.
g. Pourquoi tu téléphones ? .... prendre rendez-vous.
h. Pourquoi pleure-t-elle ? .... elle a perdu son chat.
i. Pourquoi écoutez-vous la radio ? .... connaître l'heure.
j. Vous n'êtes pas venu, pourquoi ? .... j'étais malade.

204 **Cochez la ou les bonne(s) réponse(s).**

✓ Exemple : Vous payez comment ?
   1. ☐ 200 francs.   2. ☒ En liquide.   3. ☒ Par chèque.

a. Qu'est-ce que tu prends ?
   1. ☐ L'autobus.   2. ☐ Avec Michèle.   3. ☐ Un coca.

b. Qui est-ce qui vient ?
   1. ☐ Demain.   2. ☐ Le métro.   3. ☐ Son oncle.

c. Pourquoi hésitez-vous ?
   1. ☐ Pour réfléchir davantage.   2. ☐ Trois jours de plus.   3. ☐ À cause de ma famille.

d. Combien de jours pensez-vous rester ?
   1. ☐ Dans une semaine.   2. ☐ Par mois.   3. ☐ Un week-end.

e. D'où part la course ?
   1. ☐ Aux Champs-Élysées.   2. ☐ De la Concorde.   3. ☐ Dans cinq minutes.

f. De qui a-t-elle peur ?
   1. ☐ Du chômage.   2. ☐ De son directeur.   3. ☐ Des accidents.

g. Pourquoi refusez-vous cette invitation ?
  1. ☐ Pour me reposer. 2. ☐ Pour moi. 3. ☐ À cause de la date.
h. Comment s'habille-t-elle ?
  1. ☐ Aux grands magasins. 2. ☐ Simplement. 3. ☐ En robe.
i. Quand arrive la nouvelle secrétaire ?
  1. ☐ Du bureau. 2. ☐ À Paris. 3. ☐ Le mois prochain.
j. Tu écris avec quoi ?
  1. ☐ Avec ma mère. 2. ☐ Avec un stylo. 3. ☐ Avec facilité.

205 **Répondez librement aux questions suivantes.**

✓ Exemple : Combien de personnes êtes-vous ?
  ▶ Nous sommes trois.

a. Qu'est-ce que vous prenez comme boisson ?

b. Qui prend le menu ?

c. Quel plat me conseillez-vous ?

d. Vous prenez un poisson et une viande, pourquoi ?

e. Comment voulez-vous le steak, saignant ou à point ?

f. Ce vin est de quelle année ?

g. Vous prenez quoi comme dessert ?

h. D'où vient ce fromage ?

i. Je vous dois combien ?

j. Vous payez comment ?

206 **Posez 10 questions sur ce texte ; les éléments de réponse sont soulignés.**

LE PÈRE NOËL

Un vieil homme habillé (1) d'un grand manteau rouge sort (2) de chez lui. Il porte (3) deux gros sacs très lourds. Il traverse (4) lentement la cour et entre (5) dans un autre bâtiment. (6) Quelques minutes plus tard, il ressort dans une petite voiture, rouge aussi. Alors (7) une vieille femme ouvre la fenêtre de la maison et crie : « Noël, tu sais bien que ce soir, c'est une soirée très spéciale, tu ne peux pas prendre la voiture ! Va chercher le traîneau (8) parce qu'il y a déjà beaucoup de neige... » (9) (Il est minuit moins cinq et on est (10) le 24 décembre.)

1.

2.

3.

4.

5.

6.

7.

8.

9.

10.

XII. LES PRÉPOSITIONS À, AU, À LA, AUX D', DE, DU, DE LA, DE L', DES, EN

ON NE PEUT PAS ÊTRE AU FOUR ET AU MOULIN.

A. La destination

207 **Complétez les phrases suivantes par** *au*, *à la*, **ou** *à l'*.

✓ Exemples : Julie va *à l'* école. Ils sont *au* cinéma. Jean travaille *à la* cinémathèque.

a. Marie va souvent .... théâtre.

b. Nous étudions la gestion .... université.

c. Adressez-vous .... secrétariat.

d. Tu préfères rester .... maison ?

e. Téléphone .... bureau !

f. Je dois passer .... mairie.

g. Il n'a pas envie d'aller .... cabinet médical.

h. La vieille dame habite .... deuxième étage.

i. On a rendez-vous .... école.

j. Nous prenons un verre .... terrasse du café.

208 **Reliez les éléments pour en faire des phrases.**

✓ Exemple : Les étudiants vont au café.

Les étudiants vont :

	a. piscine.
	b. restaurant.
	c. vestiaires.
1. au	d. auditorium.
2. à la	e. stade.
3. à l'	f. café.
4. aux	g. faculté de lettres.
	h. douches.
	i. bibliothèque.
	j. université.

209 Terminez les phrases en soulignant le nom qui convient.

✓ Exemple : Ils préfèrent rester *aux* (appartement – <u>environs de Paris</u> – secrétariat).

a. Sa sœur travaille à la (Quartier latin – théâtre – mairie).

b. Tu habites au (rue de la Glacière – numéro 25 – droite).

c. Vous déjeunez à l'(cantine – restaurant – « Écureuil qui grignote »).

d. Elle veut faire ses courses au (centre commercial – supermarché – boutique en bas de chez elle).

e. Je vais souvent à la (centre culturel – maison des arts – école de danse).

f. Mon ami est inscrit aux (faculté de mathématiques – piscine – cours d'arts plastiques).

g. Valentin n'accompagne pas ses parents au (fêtes – rivière – concert).

h. Ils ne veulent pas participer à la (course de vélo – concours – cours d'anglais).

i. Ses amis acceptent de dormir à l'(maison – domicile de Sophie – hôtel).

j. On déjeune souvent à la (cafétéria – restaurant – auberge).

210 Complétez les phrases sur le modèle donné en employant *au* ou *en*.

✓ Exemples : Elle aime le Canada et elle voyage *au* Canada.
Ils aiment la Chine et ils voyagent *en* Chine.
Nous aimons l'Équateur et nous allons *en* Équateur.

a. Tu aimes le Danemark et ....

b. Vous aimez la Belgique et ....

c. J'aime l'Espagne et ....

d. Il aime l'Allemagne et ....

e. Nous aimons la Grande-Bretagne et ....

f. Elles aiment l'Inde et ....

g. Tu aimes le Portugal et ....

h. J'aime la Grèce et ....

i. Vous aimez la Hollande et...

j. On aime le Pérou et...

211 Faites des phrases d'après le modèle.

✓ Exemple : Giovanni est italien. (Italie, Rome)
▶ Il est italien, il est né *en* Italie, *à* Rome.

a. Maria est chilienne. (Chili, Santiago).

b. John est canadien. (Canada, Ottawa)

c. Ali est marocain. (Maroc, Agadir)

d. Alfreda est espagnole. (Espagne, Alicante)

e. Anatoli est russe. (Russie, Moscou)

f. Yukiko est japonaise. (Japon, Kyoto),

g. Jose est argentin. (Argentine, Buenos Aires)

h. Quiu est chinoise. (Chine, Pékin)

i. Suzan est australienne. (Australie, Sydney)

j. Marco est portugais. (Portugal, Porto)

212 Complétez les phrases suivantes par *au*, *aux* ou *en*.

✓ Exemple : Elle habite *aux* Philippines.

a. .... Sénégal, il fait très chaud l'été.

b. Je vais travailler un mois .... Alaska.

c. Ses parents passent l'hiver .... Îles Marquises.

d. Ils veulent s'installer .... Tunisie.

e. Est-ce que vous aimez la vie .... États-Unis ?

f. Tu déménages et tu vas .... Équateur ?

g. La Commission européenne siège .... Belgique.

h. .... Pays-Bas, il y a beaucoup de cyclistes.

i. Elle part étudier l'art oriental .... Vietnam.

j. .... Somalie, les conditions de vie sont très difficiles.

B. La provenance

213 Reliez les mots pour en faire des phrases.

✓ Exemples : Elle rentre *du* Mexique.
Elle rentre *de* Bolivie.

Elle rentre :

	a. Chine.
	b. Hollande.
	c. Corée.
	d. Portugal.
1. du	e. Thaïlande.
2. de	f. Suisse.
	g. Japon.
	h. Maroc.
	i. Pologne.
	j. Venezuela.

214 Complétez les phrases suivantes en employant *de*, *du* ou *d'*.

✓ Exemples : Je reviens *de* Madrid. Ils arrivent *d'*Italie.

a. On est originaire .... Irlande.

b. Ça vient .... Vietnam.

c. Ces tissus proviennent .... Inde.

d. Nous rentrons .... Brésil.

e. Joseph arrive .... Grèce.

f. Êtes-vous originaires .... Lisbonne ?

g. Elle rapporte de très jolis plats .... Syrie.

h. Ils me ramènent .... Marseille en voiture.

i. L'avion décolle .... Grenoble à midi.

j. Ces bijoux sont importés .... Égypte.

215 Complétez par *de, du, d'ou des*.

✓ Exemple : Tu rentres *des* Bahamas ?

a. Ma voisine arrive .... Baléares.

b. Elles sont originaires .... Amérique latine.

c. Ces tapis proviennent .... Turquie.

d. Je rentre directement .... Salvador.

e. .... Porto Rico aux États-Unis, le voyage en avion n'est pas long.

f. Voici les dernières nouvelles .... Guadeloupe.

g. Je reçois de nombreuses lettres .... Liban.

h. Quand rentrez-vous .... Asie ?

i. Ces fruits viennent .... Israël.

j. Elles reviennent .... Cyclades en bateau.

C. La caractérisation

216 Complétez par *à* ou *de*.

✓ Exemples : un pantalon *de* coton – du fil *à* coudre

a. une machine .... écrire

b. un bouquet .... fleurs

c. un paquet .... cigarettes

d. une jupe .... carreaux

e. un fer .... repasser

f. une bouteille .... bière

g. un livre .... français

h. une table .... dessin

i. un placard .... cuisine

j. une crème .... raser

217 Rayez ce qui ne convient pas.

✓ Exemple : un rideau de / ❌ douche

a. un bouton de / à porte.

b. un couteau de / à pain.

c. une lampe de / à poche.

d. une machine de / à laver.

e. un professeur de / à mathématiques.

f. Un litre de / à vin

g. Une montre de / à pile

h. Un repas de / à famille

i. Une course de / à pied

j. Une cuillère de / à dessert

218 **Complétez par** *d', de, du, de la, de l'* **ou** *des*.

✓ Exemples : C'est la voiture **d'**Alice.
Voici la maison **des** amis **de** Jean.

a. Je n'aime pas les peintures .... Modigliani.

b. Tu ne reconnais pas l'amie .... ton cousin ?

c. C'est au bout .... rue.

d. Son livre .... histoire est tout neuf.

e. La porte .... toilettes est fermée.

f. La lampe .... couloir ne marche plus.

g. Ils sont en train de décorer le sapin .... Noël.

h. J'ai perdu la clé .... appartement.

i. Voilà un beau gâteau .... anniversaire.

j. Avez-vous un plan .... ville ?

219 **Complétez ce dialogue.**

– Allô, Brigitte, qu'est-ce que tu fais encore .... (1) bureau ? Il est presque 20 heures, tu es .... (2) retard et nous avons les Cordier ce soir .... (3) maison !

– Écoute, mon traitement .... (4) texte est .... (5) panne et la secrétaire .... (6) directeur est partie alors je dois finir une lettre avec la machine .... (7) écrire. Je vais rentrer .... (8) taxi pour aller plus vite !

– Bon, je comprends. Qu'est-ce que je peux faire ?

– Sors le poulet .... (9) congélateur et prépare la salade ; elle est .... (10) bas .... (11) réfrigérateur. Si tu peux, va acheter .... (12) supermarché ou .... (13) épicerie du riz et passe .... (14) boulangerie pour le pain. Et les enfants, ils sont bien rentrés .... (15) école ?

– Ne t'inquiète pas, ils sont dans leur chambre en train de jouer .... (16) dominos. Je m'occupe de tout. .... (17) tout .... (18) l'heure !

Corrigés

I. Le présent

1– a. est — **b.** êtes — **c.** suis — **d.** sont — **e.** es — **f.** sommes — **g.** sont — **h.** est — **i.** êtes — **j.** es.

2– a. 2/7 — **b.** 8 — **c.** 1/6 — **d.** 4 — **e.** 3 — **f.** 5 — **g.** 4/9 — **h.** 4/9/10 — **i.** 1/6 — **j.** 4/9.

3– a. elles — **b.** il / elle / on — **c.** nous — **d.** tu — **e.** je — **f.** il / elle / on — **g.** vous — **h.** il / on — **i.** je — **j.** ils.

4– a. 6/8 — **b.** 5 — **c.** 1 — **d.** 3/7 — **e.** 2/4/9 — **f.** 10 — **g.** 2/4/9 — **h.** 2/4/9 — **i.** 3/7 — **j.** 2/4/9.

5– a. avez — **b.** avons — **c.** a — **d.** as — **e.** ont — **f.** avez — **g.** ai — **h.** ont — **i.** a — **j.** avons.

6– a. ils / elles — **b.** j' — **c.** il / elle / on — **d.** vous — **e.** ils / elles — **f.** nous — **g.** tu — **h.** ils / elles — **i.** j' — **j.** il / elle / on.

7– a → a. — c. — d. — e. — h. — j. / est → b. — f. — g. — i.

8– as → c. — d. — g. — h. — j. / es → a. — b. — e. — f. — i.

9– ont → b. — d. — e. — g. — i. — j. / sont → a. — c. — f. — h.

10– a. achète — **b.** travaillent — **c.** voyagez — **d.** habite — **e.** regardes — **f.** allons — **g.** joue — **h.** écoute — **i.** dînent — **j.** rentrez.

11– a. vous — **b.** j' / il / elle / on — **c.** nous — **d.** je / il / elle / on — **e.** tu — **f.** nous — **g.** tu — **h.** j' / il / elle / on — **i.** vous — **j.** je / il / elle / on.

12– a. 2/5/7 — **b.** 3/4/9 — **c.** 3/4/6/9 — **d.** 1 — **e.** 6 — **f.** 10 — **g.** 8 — **h.** 1 — **i.** 3/4/6/9 — **j.** 3/4/6/9.

13– a. Elles achètent — **b.** Vous essuyez — **c.** Vous mangez — **d.** Nous déménageons — **e.** Nous bougeons — **f.** Elles nettoient — **g.** Nous voyageons — **h.** Vous changez — **i.** Nous appelons — **j.** Vous rangez.

14– a. 7 — **b.** 1/8 — **c.** 5 — **d.** 2/10 — **e.** 2/3/4/9/10 — **f.** 1/8 — **g.** 3/4 — **h.** 2/3/4/9/10 — **i.** 2/3/4/9/10 — **j.** 6.

15– a. vouvoie — **b.** voyageons — **c.** envoies — **d.** essaient — **e.** achetez — **f.** emmène — **g.** épellent — **h.** commençons — **i.** répète — **j.** dérangeons.

16– a. 5 — **b.** 1/9/10 — **c.** 8 — **d.** 1/9/10 — **e.** 2/6/7 — **f.** 4 — **g.** 3 — **h.** 2/6/7 — **i.** 1/9/10 — **j.** 2/6/7.

17– a. vous rencontrez — **b.** se tutoient — **c.** vous téléphonez — **d.** se retrouve — **e.** nous appelons — **f.** vous aimez — **g.** se marient — **h.** se parlent — **i.** nous échangeons — **j.** se donne.

18– Bilan : 1. téléphone — 2. êtes — 3. travaille — 4. pouvez — 5. mesure — 6. ai — 7. sont — 8. avez — 9. arrive — 10. donne — 11. avez — 12. pense — 13. remercie — 14. appelez — 15. appelle.

II. Pronoms personnels sujets et présentatifs

19– a. j' — **b.** je — **c.** j' — **d.** je — **e.** je — **f.** j' — **g.** j' — **h.** je — **i.** je — **j.** je.

20– a. je / tu — **b.** tu / je — **c.** tu / j' — **d.** tu / je — **e.** j' / tu — **f.** tu / j' — **g.** je / tu — **h.** je / tu — **i.** tu / je — **j.** j' / tu.

21– a. elle / elle — **b.** elle / elle — **c.** elle / elle — **d.** il / il — **e.** il / il — **f.** elle / elle — **g.** il / il — **h.** elle / il — **i.** elle / elle — **j.** il / elle.

22– a. il / il — **b.** elle / elle — **c.** il / il — **d.** elle / elle — **e.** il / il — **f.** elle / elle — **g.** il / il — **h.** il / il — **i.** elle / elle — **j.** il / il.

23– a. tu es — **b.** tu habites — **c.** tu es — **d.** tu parles — **e.** tu as — **f.** tu connais — **g.** tu restes — **h.** tu veux — **i.** tu t'appelles — **j.** tu aimes.

24– a. vous faites — **b.** vous venez — **c.** vous prenez — **d.** vous voyagez — **e.** vous attendez — **f.** vous avez — **g.** vous aimez — **h.** vous êtes — **i.** vous habitez — **j.** vous appelez.

25– a. vous — **b.** tu — **c.** vous — **d.** vous — **e.** vous — **f.** tu — **g.** vous — **h.** tu — **i.** tu — **j.** vous.

26– a. on — **b.** on — **c.** nous — **d.** on — **e.** nous — **f.** nous — **g.** on — **h.** nous — **i.** on — **j.** nous.

27– a. je — **b.** nous — **c.** on — **d.** nous — **e.** je — **f.** nous — **g.** je — **h.** on — **i.** on — **j.** on.

28– a. il — **b.** ils — **c.** elle — **d.** il — **e.** ils — **f.** elle — **g.** elles — **h.** ils — **i.** il — **j.** elles.

29– a. 7 — **b.** 6/9 — **c.** 2 — **d.** 3/6/8/9 — **e.** 6/9/10 — **f.** 6/9 — **g.** 1 — **h.** 4 — **i.** 5 — **j.** 5.

30– a. C'est — **b.** Il est — **c.** Il est — **d.** C'est — **e.** Il est — **f.** C'est — **g.** Il est — **h.** C'est — **i.** Il est — **j.** C'est.

31– a. il est — **b.** c'est — **c.** il est — **d.** c'est — **e.** c'est — **f.** c'est — **g.** il est — **h.** c'est — **i.** il est — **j.** c'est.

32– a. 2/3/4/5/8 — **b.** 6 — **c.** 5/8 — **d.** 1/6 — **e.** 8/10 — **f.** 2 — **g.** 2/3/4/5/8 — **h.** 7/8/10 — **i.** 6/8/9 — **j.** 2/3/4/5.

33– a. 9 — **b.** 8 — **c.** 3 — **d.** 6 — **e.** 10 — **f.** 4 — **g.** 1 — **h.** 2 — **i.** 5 — **j.** 7.

34– a. c'est / c'est — **b.** c'est / il est — **c.** c'est / il est — **d.** il est / c'est — **e.** il est / il est — **f.** il est / il est — **g.** c'est / il est — **h.** il est / il est — **i.** il est / il est — **j.** c'est.

35– a. Ce sont des livres, ce sont des romans. — **b.** C'est une fleur, c'est une rose. — **c.** Ce sont des cadeaux, ce sont des jouets. — **d.** Ce sont des musiciennes, ce sont des violonistes. — **e.** C'est un artiste, c'est un danseur. — **f.** C'est un meuble, c'est un canapé. — **g.** Ce sont des desserts, ce sont des gâteaux. — **h.** C'est un vêtement, c'est un pantalon. — **i.** Ce sont des entrées, ce sont des salades. — **j.** C'est un sportif, c'est un cycliste.

36– a. Ce sont — **b.** C'est — **c.** C'est — **d.** C'est — **e.** C'est — **f.** Ce sont — **g.** C'est — **h.** Ce sont — **i.** Ce sont — **j.** C'est.

37– a. C'est / il est — **b.** c'est / il est — **c.** Ce sont / ils sont — **d.** C'est / il est — **e.** C'est / il est — **f.** Ce sont / ils sont — **g.** c'est / il est — **h.** C'est / il est — **i.** Ce sont / ils sont — **j.** Ce sont / ils sont.

38– a. C'est Tom Cruise, il est acteur, il est américain. — **b.** Ce sont Pierre et Marie Curie, ils sont savants, ils sont français. — **c.** C'est Pavarotti, il est chanteur d'Opéra, il est italien. — **d.** Ce sont Simone de Beauvoir et Jean-Paul Sartre, ils sont écrivains, ils sont français. — **e.** C'est Carl Lewis, il est sportif, il est américain. — **f.** C'est Chopin, il est compositeur, il est polonais. — **g.** C'est Brigitte Bardot, elle est actrice, elle est française. — **h.** Ce sont Caroline et Stéphanie de Monaco, elles sont princesses, elles sont monégasques. — **i.** C'est Charlie Chaplin, il est metteur en scène, il est anglais. — **j.** C'est Cindy Crawford, elle est mannequin, elle est américaine.

39– a. 6 — **b.** 4 — **c.** 8/10 — **d.** 9 — **e.** 10 — **f.** 5 — **g.** 1 — **h.** 3 — **i.** 2 — **j.** 7.

40– a. En Russie, il y a la place Rouge. — **b.** En Sicile, il y a l'Etna. — **c.** En Grèce, il y a le Parthénon. — **d.** En France, il y a les châteaux de la Loire. — **e.** En Chine, il y a la Grande Muraille. — **f.** Au Canada et aux États-Unis, il y a les chutes du Niagara. — **g.** En Inde, il y a le Taj Mahal. — **h.** En Italie, il y a la basilique Saint-Pierre de Rome. — **i.** En Égypte, il y a les pyramides. — **j.** En Israël, il y a le lac de Tibériade.

41– a. Il y a une poste dans cette rue ? — **b.** Il y a une banque par là ? — **c.** Il y a un marchand de journaux par ici ? — **d.** Il y a une boulangerie par ici ? — **e.** Il y a un cinéma dans cette rue ? — **f.** Il y a des magasins par ici ? — **g.** Il y a une pharmacie par là ? — **h.** Il y a un restaurant mexicain dans le quartier ? — **i.** Il y a un parking dans cette rue ? — **j.** Il y a une piscine dans le quartier ?

42– Bilan : 1. je — 2. nous — 3. il — 4. c' — 5. je / on — 6. c' — 7. il — 8. j' — 9. vous — 10. elles — 11. vous — 12. vous — 13. elle — 14. il — 15. ce.

III. Masculin / Féminin   Singulier / Pluriel

43– **b.** — **c.** — **f.** — **g.** — **h.** — i.

44– Elle est **a.** crémière — **b.** bouchère — **c.** poissonnière — **d.** charcutière — **e.** pâtissière — **f.** teinturière — **g.** bijoutière — **h.** ouvrière — **i.** conseillère — **j.** infirmière.

45– C'est une **a.** coiffeuse — **b.** maquilleuse — **c.** chanteuse — **d.** vendeuse — **e.** masseuse — **f.** voleuse — **g.** parfumeuse — **h.** tricheuse — **i.** travailleuse — **j.** menteuse.

46– Il est **a.** animateur — **c.** organisateur — **g.** traducteur — **i.** instituteur. Elle est **b.** décoratrice — **d.** inspectrice — **e.** actrice — **f.** éducatrice — **h.** créatrice — **j.** formatrice.

47– C'est une **a.** aviatrice — **b.** marcheuse — **c.** admiratrice — **d.** nageuse — **e.** administratrice — **f.** contrôleuse — **g.** spectatrice — **h.** serveuse — **i.** exploratrice — **j.** skieuse.

48– **a.** une comtesse — **b.** un âne — **c.** une patronne — **d.** un docteur — **e.** une voisine — **f.** un chien — **g.** un Cubain — **h.** une veuve — **i.** une Italienne — **j.** un sportif.

49– a. — b. — f. — h. — j.

50– a. — d. — g. — c. — j.

51– des **a.** oiseaux — **b.** canaux — **c.** hiboux — **d.** bijoux — **e.** pinceaux — **f.** signaux — **g.** animaux — **h.** manteaux — **i.** émaux — **j.** drapeaux.

52– Elle est **a.** belle — **b.** neuve — **c.** bonne — **d.** grande — **e.** nouvelle — **f.** blanche — **g.** bavarde — **h.** ronde — **i.** forte — **j.** intelligente.

53– **a.** carré — **b.** seul — **c.** net — **d.** secret — **e.** neuf — **f.** épais — **g.** pareil — **h.** gros — **i.** doux — **j.** actif.

54– Elle est **a.** fine — **b.** matinale — **c.** ancienne — **d.** folle — **e.** brune — **f.** européenne — **g.** gentille — **h.** active — **i.** franche — **j.** bonne.

55– **a.** grise — **b.** doux — **c.** protectrice — **d.** heureuse — **e.** laid — **f.** jalouse — **g.** intérieure — **h.** brève — **i.** public — **j.** paysanne.

56– **a.** petites — **b.** amoureux — **c.** beaux — **d.** amicales — **e.** jalouses — **f.** vieux — **g.** heureuses — **h.** bleus — **i.** internationaux — **j.** brunes.

57– **a.** jaloux — **b.** française — **c.** bas — **d.** net — **e.** beau — **f.** sèche — **g.** joyeux — **h.** ronde — **i.** faux — **j.** gris.

58– **a.** une bouchère polie — **b.** une vieille copine — **c.** une bonne actrice — **d.** une femme grande — **e.** une belle aviatrice — **f.** une nouvelle vendeuse — **g.** une jolie chatte — **h.** une nouvelle étudiante — **i.** une petite amie — **j.** une gentille pharmacienne.

59– **a.** brune — **b.** commerçante — **c.** avocate — **d.** espagnole — **e.** blonde — **f.** roumaine — **g.** assistante — **h.** bavarde — **i.** américaine — **j.** étudiante.

60– **a.** de(s) beaux tableaux. — **b.** de(s) longs programmes — **c.** des plats chauds — **d.** des travaux difficiles — **e.** des chevaux rapides — **f.** des hommes matinaux — **g.** des banquiers curieux — **h.** de(s) vieux amis — **i.** des prix bas — **j.** des animaux heureux.

61– **a.** nouveau — **b.** belle — **c.** nouvelle — **d.** vieux — **e.** beau — **f.** vieil — **g.** belle — **h.** vieille — **i.** nouvel — **j.** bel.

62– **a.** douce — **b.** belle — **c.** folle — **d.** basse — **e.** naturelle — **f.** fausse — **g.** jalouse — **h.** menteuse — **i.** neuve — **j.** sèche.

63– formes correctes : a. plats — **b.** gentille — **c.** grosses — **d.** blonde — **e.** gravures — **f.** larges — **g.** une pièce — **h.** grosses — **i.** active — **j.** la vie.

64– Bilan : 1. cher — 2. conseils — 3. belle — 4. claire — 5. spacieuse — 6. petit — 7. original — 8. chambres — 9. premier — 10. moyenne — 11. équipée — 12. appareils — 13. neufs — 14. vieille — 15. refaite — 16. mauvais — 17. travaux — 18. superbe — 19. feux — 20. objective — 21. prochaine.

IV. Les articles définis et indéfinis

65– a. une — **b.** un — **c.** une — **d.** un — **e.** un — **f.** une — **g.** une — **h.** un — **i.** une — **j.** un.

66– a. un / une — **b.** un — **c.** une — **d.** une — **e.** une — **f.** un — **g.** un — **h.** un — **i.** une — **j.** un.

67– a. un — **b.** un — **c.** une — **d.** un — **e.** une — **f.** un — **g.** un — **h.** un — **i.** une — **j.** une.

68– a. un — **b.** un — **c.** une — **d.** un — **e.** une — **f.** un — **g.** un — **h.** une — **i.** un — **j.** un.

69– a. des — **b.** un — **c.** des — **d.** un — **e.** un — **f.** des — **g.** des — **h.** une — **i.** une — **j.** une.

70– a. une — **b.** des — **c.** un — **d.** une — **e.** des — **f.** une — **g.** des — **h.** un — **i.** une — **j.** une.

71– a. la — **b.** la — **c.** le — **d.** l' — **e.** l' — **f.** le — **g.** l' — **h.** le — **i.** l' — **j.** le.

72– a. le — **b.** l' — **c.** l' — **d.** l' — **e.** la — **f.** l' — **g.** la — **h.** la — **i.** le — **j.** la.

73– a. la — **b.** les — **c.** l' — **d.** la — **e.** les — **f.** le — **g.** l' — **h.** la — **i.** l' — **j.** les.

74– a. l' — **b.** le — **c.** l' — **d.** les — **e.** la — **f.** le — **g.** les — **h.** la — **i.** le — **j.** la.

75– a. Le — **b.** L' — **c.** Les — **d.** Le — **e.** L' — **f.** Les — **g.** Le — **h.** La — **i.** Les — **j.** La.

76– a. un — **b.** un — **c.** un — **d.** le — **e.** le — **f.** l' — **g.** le — **h.** le — **i.** le.

77– a. une — **b.** la — **c.** la / une — **d.** une — **e.** l' — **f.** la — **g.** une.

78– a. des — **b.** les — **c.** des — **d.** des — **e.** les — **f.** les — **g.** les — **h.** les — **i.** les — **j.** des.

79– a. le — **b.** l' — **c.** l' — **d.** la — **e.** un — **f.** le — **g.** des — **h.** un — **i.** les — **j.** des.

80– a. un — **b.** l' — **c.** une — **d.** la — **e.** le — **f.** des — **g.** une — **h.** un — **i.** les — **j.** des.

81– Bilan : 1. une — 2. les — 3. le — 4. un — 5. le — 6. la — 7. une — 8. la — 9. une — 10. l' — 11. la — 12. un — 13. des — 14. le — 15. le.

V. La quantité

82– du : a. — **b.** — **c.** — **d.** — **i.** / de la : **e.** — **f.** — **g.** — **h.** — **j.**

83– à conserver : a. du — **b.** un — **c.** de l' — **d.** une — **e.** du — **f.** une — **g.** du — **h.** du — **i.** une — **j.** un.

84– a. Il veut de la bière. — **b.** Elle veut du champagne. — **c.** Elle veut des huîtres. — **d.** Il veut de l'alcool. — **e.** Elle veut des gâteaux. — **f.** Il veut du chocolat. — **g.** Elle veut du poisson. — **h.** Il veut de la glace. — **i.** Elle veut de la salade. — **h.** Il veut des bonbons.

85– À conserver : a. du — **b.** du — **e.** de l' — **d.** du — **e.** du — **f.** du — **g.** de l' — **h.** du — **i.** de la — **j.** de la.

86– À conserver : a. omelette — **b.** thon — **c.** choucroute — **d.** huile — **e.** lait — **f.** salade — **g.** cidre — **h.** farine — **i.** ananas — **j.** beurre.

87– a. un morceau de sucre — **b.** un bout de pain — **c.** une assiette de pâtes — **d.** un bol de riz — **e.** une tranche de viande — **f.** une part de tarte — **g.** un paquet de biscuits — **h.** une carafe d'eau — **i.** une portion de frites — **j.** une bouteille de vin.

88– a. du / des — **b.** de / des — **c.** de la / d' — **d.** des / de — **e.** de la / du / de la — **f.** d' / du — **g.** du / de — **h.** du / de l' / de — **i.** d' / de — **j.** de.

89– a. de 2/9-d'1/5 — **b.** de 2/6-d'8 — **c.** d'1 — **d.** de 10-d'4/8 — **e.** de 2/6-d'3 — **f.** de 2/9-d'1/5 — **g.** de 9-d'1/5 — **h.** de 2/6/7/10-d'4/8 — **i.** de 7/10 — **j.** de 2/6/7/10-d'4/8.

90– a. Je prends un peu de pain — **b.** Je bois beaucoup de soda — **c.** Je bois assez d'eau — **d.** Je mets un peu de sel... — **e.** Je prends beaucoup de sucre —

f. Je mange assez de viande — **g.** Je mange trop de glace — **h.** Je ne mets jamais assez de beurre... — **i.** Je prends un peu d'alcool — **j.** Je prends trop de poids.

91– quelques : **b.** — **e.** — **f.** — **i.** — **j.**

92– un peu de : **b.** — **d.** — **h.** — **j.** quelques : **a.** — **c.** — **e.** — **f.** — **g.** — **i.**

93– a. tous — **b.** toute — **c.** tout — **d.** toute — **e.** tout — **f.** tous — **g.** toutes — **h.** tous — **i.** toute — **j.** toutes.

94– À conserver : **a.** ses poupées — **b.** mercredis — **c.** le week-end — **d.** les livres — **e.** nos cousins — **f.** les nouvelles pièces — **g.** ses nièces — **h.** la journée — **i.** le mois de septembre — **j.** les musiciens.

95– a. quarante-cinq — **b.** trente-sept — **c.** dix-huit — **d.** seize — **e.** quatre — **f.** treize — **g.** cinquante — **h.** soixante-neuf — **i.** soixante-quinze — **j.** dix.

96– a. 6 — **b.** 4 — **c.** 1 — **d.** 2 — **e.** 7 — **f.** 3 — **g.** 5 — **h.** 10 — **i.** 8 — **j.** 9

97– a. cent... — **b.** quatre-... dix-... — **c.** ... mille trente-... — **d.** deux ... treize — **e.** quatre-... — **f.** ... cent six — **g.** trois ... quatre-vingt dix-... — **h.** mille ... cents — **i.** ... cent ...-huit — **j.** ... mille ...-vingt-....

98– a. cinquante-neuf — **b.** vingt-sept — **c.** cent douze — **d.** soixante-dix-sept — **e.** quatre-vingt-quinze — **f.** deux cent dix-neuf — **g.** soixante-cinq — **h.** cinquante — **i.** vingt-trois — **j.** cent soixante-dix-huit.

99– a. quatre cent cinquante — **b.** sept mille cinq cents — **c.** trois mille deux cents — **d.** quatre mille sept cent vingt-cinq — **e.** deux cent trente — **f.** deux mille sept cents — **g.** quatre-vingt-seize — **h.** douze mille — **i.** vingt-cinq mille — **j.** cent quarante-cinq.

100– Bilan : de la — deux cent cinquante grammes — du — deux cents — des — quatre — du — sept cent cinquante centilitres — de l' — du — une — des — cinquante grammes — des — douze — du.

101– trente et un / quatre-vingt-neuf / deux / cinq / trois cent dix-sept / dix / quatre-vingt un / cent six / quatre-vingt-treize / dix-sept / quarante-cinq / cent cinquante / trente-trois.

VI. Autres adjectifs

102– a. cet — **b.** ce — **c.** ce — **d.** cet — **e.** ce — **f.** cet — **g.** ce — **h.** cet — **i.** cet — **j.** cet.

103– a. cet — **b.** ce — **c.** cette — **d.** ce — **e.** ce — **f.** cet — **g.** cette — **h.** cette — **i.** cet — **j.** ce.

104– a. ce — **b.** ce — **c.** ce — **d.** ce — **e.** cet — **f.** cette — **g.** cet — **h.** cette — **i.** cette — **j.** cet.

105– a. ce — **b.** cette — **c.** ce — **d.** cet — **e.** cette — **f.** cet — **g.** ce — **h.** cette — **i.** cet — **j.** cette.

106– a. cette — **b.** cet — **c.** ce — **d.** cet — **e.** ce — **f.** ce — **g.** ce — **h.** cette — **i.** cet — **j.** ce.

107– a. ces — **b.** cette — **c.** ces — **d.** cette — **e.** ces — **f.** cette — **g.** ces — **h.** cete — **i.** ces — **j.** cette.

108– 1. c / i / j — 2. d / f / h — 3. a — 4. b / e /g

109– Ce e-1 / j-5. **Cette** a-2 / f-7. **Cet** b. 1 / g-5. / **Ces** c-3 / d-4 / h-8 / i-6.

110– a. ces — **b.** ces — **c.** cette — **d.** ces — **e.** cette — **f.** cette — **g.** ce — **h.** cet — **i.** cet — **j.** ces.

111– a. mon — **b.** mon — **c.** ma — **d.** mon — **e.** ma — **f.** ma — **g.** mon — **h.** mon — **i.** mon — **j.** mon.

112– a. ma — **b.** mon — **c.** mon — **d.** ma — **e.** mon — **f.** ma — **g.** mon — **h.** ma — **i.** mon — **j.** mon.

113– a. mon — **b.** ma — **c.** ma — **d.** mon — **e.** mon — **f.** ma — **g.** mon — **h.** mon — **i.** mon — **j.** ma.

114– a. mon — **b.** ma — **c.** mes — **d.** ma — **e.** mes — **f.** ma — **g.** mes — **h.** mon — **i.** ma — **j.** mes.

115– a. ta — **b.** ton — **c.** ton — **d.** ta — **e.** tes — **f.** tes — **g.** ton — **h.** ta

i. ton — **j.** tes — **k.** tes — **l.** tes — **m.** ta — **n.** tes — **o.** tes — **p.** ton — **q.** tes — **r.** ton — **s.** tes — **t.** tes.

116– a. ma — **b.** son — **c.** ton — **d.** ses — **e.** tes — **f.** sa — **g.** mes — **h.** ta — **i.** mon — **j.** son.

117– a. notre / votre — **b.** vos — **c.** vos — **d.** nos — **e.** vos — **f.** notre — **g.** nos — **h.** nos — **i.** notre / votre — **j.** nos.

118– a. Où travaillent vos enfants ? — **b.** Quand part votre femme ? — **c.** Où habitent vos parents ? — **d.** Où étudie votre fille ? — **e.** Où est votre fils ? — **f.** Quand reviennent vos voisins ? — **g.** Où vivent vos amis ? — **h.** Quand arrive votre mari ? — Où déjeunent vos collègues ? — **j.** Quand vient votre sœur ?

119– a. leur — **b.** leur — **c.** leurs — **d.** leur — **e.** leur — **f.** leurs — **g.** leurs — **h.** leur — **i.** leurs — **j.** leur.

120– a. C'est mon / notre dossier ? — **b.** C'est son adresse ? — **c.** C'est son nom ? — **d.** Ce sont ses enfants ? — **e.** C'est ta / votre voiture ? — **f.** C'est leur appartement ? — **g.** C'est ma / notre place ? — **h.** Ce sont tes / vos gants ? — **i.** Ce sont leurs photos ? — **j.** Ce sont mes / nos clés ?

121– Bilan : 1. ma — 2. cet — 3. votre — 4. ces/vos — 5. ma/cette — 6. mon — 7. votre — 8. mes — 9. ton — 10. tes — 11. cette — 12. ce — 13. ton — 14. tes/nos — 15. ta — 16. nos — 17. ta/votre — 18. nos — 19. tes/vos.

VII. Le présent des verbes en IR et…

122– Nous **a.** dormons — **b.** grandissons — **c.** tenons — **d.** sortons — **e.** courons — **f.** partons — **g.** ouvrons — **h.** grossissons — **i.** venons — **j.** vieillissons.

123– Vous **a.** lisez — **b.** finissez — **c.** écrivez — **d.** criez — **e.** remerciez — **f.** maigrissez — **g.** choisissez — **h.** riez — **i.** dites — **j.** vivez.

124– a. 5/9 — **b.** 5/9 — **c.** 1/7/8 — **d.** 1/7/8 — **e.** 1/7/8 — **f.** 2 — **g.** 4/10 — **h.** 3/6 — **i.** 3/6 — **j.** 1/7/8.

125– a. voulons — **b.** pleut — **c.** dois — **d.** vois — **e.** s'assoit — **f.** faut — **g.** savons — **h.** reçoivent — **i.** peux — **j.** apercevez.

126– a. vous pouvez — **b.** nous savons — **c.** ils veulent — **d.** nous devons — **e.** elles voient — **f.** vous mourez — **g.** ils courent — **h.** vous recevez — **i.** vous sentez — **j.** ils croient.

127– a. il vient — **b.** je tiens — **c.** tu deviens — **d.** j'ouvre — **e.** tu pars — **f.** elle cueille — **g.** il dort — **h.** tu cours — **i.** j'offre — **j.** tu sers.

128– a. entends — **b.** entends — **c.** croyez — **d.** crois — **e.** boit — **f.** boivent — **g.** connaissez — **h.** connaissons — **i.** faites — **j.** fait.

129– a. 6 — **b.** 3/5/9 — **c.** 1/10 — **d.** 1/10 — **e.** 2 — **f.** 2/4/7 — **g.** 3/5/9 — **h.** 4/7 — **i.** 3/5/9 — **j.** 8.

130– a. je / tu — **b.** j' / tu — **c.** nous — **d.** il / elle / on — **e.** vous — **f.** vous — **g.** j' / tu — **h.** vous — **i.** ils / elles — **j.** je / tu.

131– a. vit — **b.** mets — **c.** rions — **d.** perds — **e.** vendons — **f.** faites — **g.** suis — **h.** vais — **i.** rendent — **j.** prenons.

132– a. 2/6 — **b.** 1/4 — **c.** 1/4/8 — **d.** 3/9/10 — **e.** 3/9/10 — **f.** 8 — **g.** 5 — **h.** 3/9/10 — **i.** 2/6 — **j.** 7.

133– a. 2/5/6 — **b.** 1/7/8 — **c.** 10 — **d.** 4/9 — **e.** 1/8 — **f.** 2 — **g.** 3 — **h.** 4/9 — **i.** 4/9 — **j.** 4/9.

134– a. je suis / nous sommes en train de lire — **b.** elle est en train de travailler — **c.** Je suis en train d'écrire — **d.** il est en train de dormir — **e.** elles sont en train de partir — **f.** je suis / nous sommes en train de sortir — **g.** il est en train de regarder — **h.** il est en train de pleuvoir — **i.** je suis / nous sommes en train de mettre — **j.** ils sont en train de rire.

135– a. Tu es en train de rire — **b.** Vous êtes en train d'apprendre — **c.** Ils sont en train de vivre — **d.** Je suis en train de lire — **e.** Tu es en train d'écrire — **f.** Je suis en train de prendre — **g.** Il est en train de pleuvoir — **h.** Je suis en train de boire — **i.** On est en train de faire — **j.** Elles sont en train d'attendre.

136– a. Tu es en train de cueillir — **b.** Je suis en train de servir — **c.** Ils sont en train de chercher — **d.** Vous êtes en train de dire — **e.** On est en train de mourir — **f.** Tu es en train de lire — **g.** Nous sommes en train de faire —

h. Elle est en train de courir — **i.** Tu es en train de répondre — **j.** Ils sont en train de découvrir.

137– Bilan : 1. pouvez — 2. dois — 3. écris — 4. étudie — 5. écrivez — 6. faites — 7. fais — 8. crois — 9. réponds — 10. peux — 11. convient — 12. prévenez — 13. écrivez — 14. envoie.

VIII. L'impératif

138– a. Passons / Passez — **b.** Montons / Montez — **c.** Arrêtons / Arrêtez — **d.** Parlons / Parlez — **e.** Continuons / Continuez — **f.** Écoutons / Écoutez — **g.** Demandons / Demandez — **h.** Cherchons / Cherchez — **i.** Travaillons / Travaillez — **j.** Dînons / Dînez.

139– a. Range — **b.** Danse — **c.** Joue — **d.** Crie — **e.** Respire — **f.** Reste — **g.** Écoute — **h.** Regarde — **i.** Aide — **J.** Tourne.

140– a. Dormez — **b.** Prends — **c.** Buvez — **d.** Faites — **e.** Finissez — **f.** Écris — **g.** Voyez — **h.** Descends — **i.** Pars — **j.** Lis.

141– a. Commençons — **b.** Jetons — **c.** Bougeons — **d.** Répétons — **e.** Appelons — **f.** Achetons — **g.** Payons — **h.** Nettoyons — **i.** Amenons — **j.** Complétons.

142– a. Choisissez — **b.** Mangez — **c.** Buvez — **d.** Allez — **e.** Payez — **f.** Appelez — **g.** Demandez — **h.** Finissez — **i.** Réservez — **j.** Goûtez.

143– a. Courons — **b.** Dormons — **c.** Sortons — **d.** Répondons — **e.** Écrivons — **f.** Lisons — **g.** Prenons — **h.** Apprenons — **i.** Attendons — **j.** Finissons.

144– a. Lis — **b.** Choisis — **c.** Viens — **d.** Va — **e.** Regarde — **f.** Écoute — **g.** Apprends — **h.** Prends — **i.** Sors — **j.** Fais.

145– a. Sois — **b.** Aie — **c.** Soyez — **d.** Sois — **e.** Soyez — **f.** Aie — **g.** Ayez — **h.** Sois — **i.** Ayez — **j.** Soyez.

146– a. Ne va pas en Espagne l'été ! — **b.** Voyage en Italie ! — **c.** Ne bois pas en Allemagne ! — **d.** Ne prends pas froid au Danemark ! — **e.** Pars en Irlande ! — **f.** Viens au Portugal ! — **g.** Ne grossis pas en Belgique ! — **h.** Ne conduis pas en France ! — **i.** Roule à vélo aux Pays-Bas ! — **j.** N'oublie pas ton parapluie au Royaume-Uni !

147– a. Ne jouons pas au casino ! — **b.** N'allume pas la lumière ! — **c.** Ne partons pas tout de suite ! — **d.** N'écrivez pas en rouge ! — **e.** Ne mangez pas tout ! — **f.** Ne fais pas attention ! — **g.** Ne prenons pas le métro ! — **h.** Ne mets pas la table ! — **i.** N'apprenez pas à danser ! — **j.** Ne dis pas la vérité !

148– a. Ne te sers pas ! — **b.** Ne nous marions pas le mois prochain ! — **c.** Ne vous présentez pas à ce poste ! — **d.** Ne t'amuse pas avec ton petit frère ! — **e.** Ne nous promenons pas dans le parc ! — **f.** Ne te mets pas à coté de moi ! — **g.** Ne vous coupez pas les cheveux ! — **h.** Ne nous dépêchons pas ! — **i.** Ne t'assieds pas ! — **j.** Ne vous occupez pas d'elle !

149– a. Couchons-nous — **b.** Habille-toi — **c.** Rase-toi — **d.** Levons-nous — **e.** Maquillez-vous — **f.** Baignez-vous — **g.** Brosse-toi — **h.** Assieds-toi — **i.** Réveillez-vous — **j.** Repose-toi.

150– a. cassez — **b.** faites — **c.** remuez — **d.** versez — **e.** ajoutez — **f.** tournez — **g.** mettez — **h.** montez — **i.** mélangez — **j.** mettez — k. servez.

151– Bilan : 1. entrez — 2. asseyez-vous — 3. voyons — 4. déshabillez-vous — 5. installez-vous — 6. ne vous mettez pas — 7. dites — 8. rhabillez-vous — 9. profitez — 10. faites attention — 11. ne restez pas — 12. ne marchez pas — 13. baignez-vous — 14. nagez — 15. reposez-vous — 16. mettez-vous — 17. ne vous exposez pas — 18. passez.

IX. La négation

152– a. n' — **b.** ne — **c.** n' — **d.** n' — **e.** n' — **f.** ne — **g.** n' — **h.** ne — **i.** n' — **j.** n'

153– a. Vous ne connaissez pas mon ami. — **b.** Elle ne s'appelle pas Sylvie. — **c.** Tu ne travailles pas bien. — **d.** Je ne parle pas bien français. — **e.** Vous n'êtes pas monsieur Delarue. — **f.** Ce n'est pas difficile. — **g.** Elle n'est pas jolie. — **h.** Je ne sais pas. — **i.** Nous n'habitons pas à Marseille. — **j.** Ils ne regardent pas la télévision.

154– a. Je ne vais pas — **b.** Je n'habite pas — **c.** Je ne travaille pas — **d.** Je ne pars pas — **e.** Je ne connais pas — **f.** Je ne comprends pas — **g.** Je ne suis pas — **h.** Je ne sors pas — **i.** Je ne parle pas — **j.** Je ne lis pas.

155– a. Dominique n'est pas — **b.** Il ne fait pas — **c.** Tu n'as pas — **d.** Vous ne prenez pas — **e.** Pierre n'aime pas — **f.** Je ne regarde pas — **g.** Elles n'habitent pas — **h.** Vous n'écoutez pas — **i.** Elle ne s'appelle pas — **j.** Ils n'étudient pas.

156– a. Ce ne sont pas des amis, ce sont des voisins. — **b.** Ce ne sont pas des bonbons, ce sont des gâteaux. — **c.** Ce n'est pas un appartement, c'est une maison. — **d.** Ce n'est pas un acteur, c'est un écrivain. — **e.** Ce n'est pas une voiture, c'est une moto. — **f.** Ce n'est pas un bus, c'est un train. — **g.** Ce ne sont pas des photos, ce sont des dessins. — **h.** Ce ne sont pas des pommes, ce sont des oranges. — **i.** Ce n'est pas un garçon, c'est une fille. — **j.** Ce ne sont pas des chiens, ce sont des chats.

157– a. Je ne préfère pas rester chez moi. / Nous ne préférons pas rester chez nous. — **b.** Je ne vais pas / Nous n'allons pas au ski. — **c.** Je n'aime pas / Nous n'aimons pas beaucoup voyager. — **d.** Je ne déteste pas aller à l'Opéra. — **e.** Je ne pense pas sortir ce soir. — **f.** Elle ne danse pas dans les discothèques. — **g.** Il n'habite pas la campagne. — **h.** Je ne veux pas partir à la montagne. — **i.** Je ne lis pas / Nous ne lisons pas Victor Hugo. — **j.** Je n'apprécie pas le jazz.

158– a. Je ne travaille pas. — **b.** Ce n'est pas un dictionnaire. — **c.** Ce ne sont pas des photos. — **d.** Je n'aime pas regarder la télévision. — **e.** Vous ne parlez pas français. — **f.** Ce ne sont pas Sophie et Nicolas / Nicolas et Sophie. — **g.** Nous ne voulons pas habiter à Paris. — **h.** Elle ne comprend pas. — **i.** Je ne peux pas venir ce soir. — **j.** Ce n'est pas monsieur Durand.

159– a. Je n'ai pas de petit ami. — **b.** Je n'ai pas de copains. — **c.** Je n'ai pas de voisine. — **d.** Je n'ai pas de parents. — **e.** Je n'ai pas de collègue. — **f.** Je n'ai pas de tante. — **g.** Je n'ai pas de nièces. — **h.** Je n'ai pas de grand-mère. — **i.** Je n'ai pas de cousins. — **j.** Je n'ai pas de chien.

160– Il ne faut pas faire : **a.** de tennis — **b.** de football — **c.** de ski — **d.** de vélo-cross — **e.** de rugby — **f.** de boxe — **g.** d'équitation — **h.** d'escrime — **i.** de basket — **j.** de voile.

161– a. Je ne mange pas de bifteck — **b.** Je ne bois pas d'alcool — **c.** Je n'achète pas de pain — **d.** Je n'ai pas de soupe — **e.** Je ne fais pas de mousse au chocolat — **f.** Je ne mange pas de rôti — **g.** Je ne veux pas d'eau — **h.** Je ne bois pas de jus de fruits — **i.** Je n'ai pas de tarte aux fraises — **j.** Je ne veux pas d'armagnac.

162– a. 10 — **b.** 8 — **c.** 9 — **d.** 7 — **e.** 5 — **f.** 4 — **g.** 3 — **h.** 1 — **i.** 2 — **j.** 0

163– Non merci, : **a.** pas d'ananas — **b.** pas de fromage — **c.** pas de glace — **d.** pas de champagne — **e.** pas de lait — **f.** pas de pain — **g.** pas de vin — **h.** pas de tomates — **i.** pas de bière — **j.** pas de café.

164– a. Non, nous ne lisons pas le journal. — **b.** Je n'ai pas le numéro. — **c.** Je ne suis pas les actualités. — **d.** Nous n'achetons pas de magazines. — **e.** Je n'aime pas les quotidiens. — **f.** Nous n'avons pas de magnétoscope. — **g.** Je n'achète pas d'hebdomadaire. — **h.** Je ne regarde pas la télévision. — **i.** Nous ne lisons pas de revues. — **j.** Ce n'est pas un mensuel.

165– Bilan : 1. je n'ai pas le temps — 2. je ne pars pas — 3. je ne suis pas — 4. nous n'avons pas de maison — 5. Nous ne voyageons pas — 6. nous n'avons pas l'habitude — 7. nous n'aimons pas beaucoup — 8. je ne comprends pas — 9. ce n'est pas — 10. Nous ne pouvons pas — 11. je ne fais pas de sport — 12. ce ne sont pas — 13. ce n'est pas — 14. il n'y a pas / il n'y aura pas de mauvaise surprise.

X. L'interrogation simple

166– a. Est-ce qu'elle prend des cours ? — **b.** Est-ce qu'il fait l'exercice ? — **c.** Est-ce que vous êtes étudiant ? — **d.** Est-ce que c'est le crayon de sylvie ? — **e.** Est-ce qu'on va à l'école ? — **f.** Est-ce que tu as un dictionnaire ? — **g.** Est-ce que vous aimez le français ? — **h.** Est-ce qu'il connaît le professeur ? — **i.** Est-ce qu'elle corrige la dictée ? — **j.** Est-ce que tu fais des études ?

167– a. Vous portez des jupes d'habitude ? — **b.** Est-ce que vous mettez une robe ce soir ? — **c.** Est-ce qu'il porte un pantalon blanc ? — **d.** Tu as un pull ? — **e.** Elle aime s'habiller ? — **f.** Est-ce qu'il est très élégant ? — **g.** Est-ce que vous aimez le noir ? — **h.** Tu portes une cravate demain ? — **i.** Elle s'habille à la mode ? — **j.** Est-ce que tu mets un tailleur aujourd'hui ?

168– a. Est-ce que vous connaissez Paris ? — **b.** Est-ce qu'elle habite avenue des Champs-Élysées ? — **c.** Est-ce que tu aimes / vous aimez la pyramide du Louvre ? — **d.** Est-ce qu'on visite / que nous visitons la tour Eiffel ? — **e.** Est-ce qu'il prend le bus ? — **f.** Est-ce qu'elle aime la mode parisienne ? — **g.** Est-ce que tu es / vous êtes libre jeudi ? — **h.** Est-ce qu'on va / que nous allons au musée d'Orsay ? — **i.** Est-ce que tu viens / vous venez au café ? — **j.** Est-ce que vous dînez au restaurant le samedi ?

169– a. 1 — **b.** 2 — **c.** 3 — **d.** 3 — **e.** 2 — **f.** 1 — **g.** 1 — **h.** 3 — **i.** 3 — **j.** 2.

170– a. Préfères-tu dormir ? — **b.** Êtes-vous fatigués ? — **c.** As-tu froid ? — **d.** Voulez-vous un verre d'eau ? — **e.** Connaît-elle l'hôpital ? — **f.** As-tu soif ? — **g.** Allez-vous chez le dentiste ? — **h.** Avez-vous mal à la tête ? — **i.** Peut-il téléphoner au médecin ? — **j.** Est-ce grave ?

171– a. A-t-il une grande bouche ? — **b.** Mesure-t-elle 1m70 ? — **c.** Est-il châtain ? — **d.** A-t-il les cheveux blonds ? — **e.** Est-elle bronzée ? — **f.** Porte-t-il la barbe ? — **g.** Semble-t-elle fatiguée ? — **h.** Est-elle brune ? — **i.** Est-il grand ? — **j.** Se maquille-t-elle ?

172– a. Julien marche-t-il vite ? — **b.** Les enfants courent-ils longtemps ? — **c.** Patrick et Jeanne dansent-ils bien ? — **d.** Boris saute-t-il haut ? — **e.** Gaël et Mélissa jouent-ils au basket ? — **f.** Claudine fait-elle de la natation ? — **g.** Les parents montent-ils à cheval ? — **h.** Célia fait-elle du vélo ? — **i.** Patricia joue-t-elle aux boules ? — **j.** Laurent et Christophe font-ils du ski ?

173– a. Est-ce qu'il a les yeux bleus ? — **b.** Elle a les cheveux longs ? — **c.** Est-il grand ? — **d.** Portez-vous des lunettes ? — **e.** Est-ce qu'elle a un petit nez ? — **f.** As-tu la peau sèche ? — **g.** A-t-elle les cheveux courts ? — **h.** Est-ce que tu es gentille ? — **i.** A-t-il une moustache ? — **j.** Est-ce que je suis belle ?

174– a. Qu'est-ce que c'est ? — **b.** Qu'est-ce que vous voulez ? — **c.** Qu'est-ce que tu fais ? / vous faites ? — **d.** Qu'est-ce que tu dis ? / vous dites ? — **e.** Qu'est-ce que vous aimez ? — **f.** Qu'est-ce que tu préfères ? / vous préférez ? — **g.** Qu'est-ce que je dois faire ? — **h.** Qu'est-ce que tu adores / vous adorez faire ? — **i.** Qu'est-ce que vous détestez faire ? — **j.** Qu'est-ce que tu désires ? / vous désirez ?

175– a. 3 — **b.** 2 — **c.** 1 — **d.** 3 — **e.** 2 — **f.** 3 — **g.** 2 — **h.** 1 — **i.** 3 — **j.** 2.

176– a. Que voit-elle ? — **b.** Qu'écoutes-tu ? — **c.** Qu'offre-t-elle ? — **d.** Que sent-il ? — **e.** Qu'entendez-vous ? — **f.** Que préfère-t-il ? — **g.** Que faisons-nous ? — **h.** Que déteste-t-elle ? — **i.** Qu'écrit-elle ? — **j.** Qu'y a-t-il ?

177– a. Qu'est-ce que vous désirez boire ? — **b.** Que prend-il ? — **c.** Que voulez-vous boire ? — **d.** Que veut-il ? — **e.** Qu'est-ce que vous désirez ? — **f.** Qu'aime-t-elle ? — **g.** Qu'est-ce que vous buvez ? — **h.** Que mange-t-elle ? — **i.** Que voulez-vous manger ? — **j.** Qu'est-ce que tu préfères ?

178– a. Que lisez-vous ? — **b.** Qu'écoute-t-elle ? — **c.** Que regardent-ils ? — **d.** Que préfères-tu ? — **e.** Que mangeons-nous ? — **f.** Qu'adorent-elles ? — **g.** Qu'écrit-on ? — **h.** Que prenez-vous ? — **i.** Que déteste-t-elle ? — **j.** Qu'aime-t-il ?

179– a. Est-ce que tu — **b.** Qu'est-ce que vous — **c.** Est-ce qu'il — **d.** Est-ce que vous — **e.** Qu'est-ce qu'il — **f.** Est-ce que tu — **g.** Est-ce qu'elle — **h.** Qu'est-ce que vous — **i.** Qu'est-ce que nous — **j.** Est-ce qu'elle.

180– a. 8 — **b.** 4 — **c.** 5 — **d.** 3 — **e.** 2 — **f.** 7 — **g.** 6 — **h.** 1 — **i.** 9 — **j.** 10.

181– a. Qu'est-ce que — **b.** Est-ce que — **c.** Qu'est-ce que — **d.** Est-ce que —

e. Est-ce que — **f.** Qu'est-ce que — **g.** Qu'est-ce que — **h.** Est-ce que — **i.** Est-ce que — **j.** Qu'est-ce que.

182– a. 2 — **b.** 3 — **c.** 1 — **d.** 3 — **e.** 2 — **f.** 2 — **g.** 3 — **h.** 1 — **i.** 2 — **j.** 3.

183– 1. b/f — 2. e/j — 3. b — 4. a/g/h — 5. c/i — 6. d.

184– Bilan : 1. Qu'est-ce que — 2. Est-ce que — 3. Veux-tu partir / Est-ce que tu veux partir / Tu veux partir — 4. As-tu / Est-ce que tu as / Tu as — 5. Que — 6. Qu'y a-t-il / Qu'est-ce qu'il y a — 7. Aimes-tu / Est-ce que tu aimes / Tu aimes — 8. Est-ce que — 9. Aime-t-il / Est-ce qu'il aime / Il aime — 10. Est-ce qu'il y a.

XI. Autres interrogations

185– a. qui — **b.** qui — **c.** que — **d.** que — **e.** qui — **f.** qui — **g.** qui — **h.** qu' — **i.** qu' — **j.** que.

186– a. quoi — **b.** qu' — **c.** que — **d.** que — **e.** qu' — **f.** que — **g.** quoi/qui — **h.** que — **i.** qu' — **j.** quoi.

187– a. Que prends-tu — **b.** Que pense-t-elle — **c.** Qui invitez-vous — **d.** Que fais-tu — **e.** Que rangent-elles — **f.** Qui va au — **g.** qui peut — **h.** que mange-t-on — **i.** Qu'emportez-vous — **j.** Qui t'a dit.

188– a. À qui écris-tu ? — **b.** Sur qui peut-elle compter ? — **c.** De qui parlez-vous ? — **d.** Chez qui vivent-elles ? — **e.** À côté de qui lisez-vous ? — **f.** À cause de qui avez-vous — **g.** Je m'adresse à qui ? / À qui je m'adresse ? — **h.** À qui pense-t-elle ? — **i.** Par qui connaissez-vous ? — **j.** Pour qui est cette robe ? / Cette robe est-elle ?

189– Phrases possibles : a. Où descends-tu ? — **b.** Où est-ce que vous passez — **c.** Où se trouve la Sorbonne ? — **d.** Où y a-t-il beaucoup — **e.** Où l'océan est très froid ? — **f.** Où est-ce que Nicolas dort ? — **g.** Où pouvons-nous voir le musée d'Orsay ? — **h.** Où sont nos bagages ? — **i.** Où se trouve le prochain — **j.** Où sont les toilettes ?

190– a. Par où passez-vous ? — **b.** Où Sabine travaille-t-elle ? — **c.** D'où rentre M. Durant ? — **d.** Où vont vos parents ? — **e.** D'où part le bus ? — **f.** Où Antoine et Nicolas jouent-ils ? — **g.** D'où Thomas est-il tombé ? — **h.** Par où préférez-vous revenir ? — **i.** D'où vient cette lettre ? — **j.** Où allez-vous passer la nuit ?

191– Phrases possibles : a. Quand allez-vous à la montagne ? — **b.** Quand est-ce que les familles se réunissent ? — **c.** Quand se marient-ils ? — **d.** Quand les cinémas sont-ils complets ? — **e.** Vous allez téléphoner quand ? — **f.** Quand passe le facteur ? — **g.** Quand est la rentrée des classes ? — **h.** Quand est-ce qu'elles boivent un café ? — **i.** Quand ce magasin ferme-t-il ? — **j.** Quand déjeune-t-on ?

192– a. Où — **b.** Où — **c.** Quand — **d.** Quand — **e.** Quand — **f.** Quand — **g.** Quand — **h.** Où — **i.** Où — **j.** Où.

193– Phrases possibles : a. Pourquoi les métros ne circulent pas ? — **b.** Pourquoi ses parents lui achètent-ils une moto ? — **c.** Pourquoi est-ce que les vacances sont bonnes ? — **d.** Pourquoi rentrez-vous de bonne heure ? — **e.** Pourquoi elle se couche tôt ? — **f.** Pourquoi est-ce que la télévision marche mal ? — **g.** Pourquoi ne manges-tu pas ? — **h.** Pourquoi est-ce que je vais gagner ? — **i.** Pourquoi nous ne pouvons pas prendre ? — **j.** Pourquoi est-ce qu'il n'écoute pas ?

194– a. 3/6/8 — **b.** 3/6/8 — **c.** 4/9 — **d.** 2 — **e.** 2/7/10 — **f.** 3/6/8 — **g.** 1 — **h.** 5 — **i.** 7/10 — **j.** 9.

195– Phrases possibles : a. Comment étais-tu l'an dernier ? — **b.** Jean parle l'allemand comment ? — **c.** Comment est ma jupe ? — **d.** Comment est-ce que vous circulez dans Paris — **e.** Comment voyage-t-elle ? — **f.** Vos parents vont comment ? — **g.** Comment est-ce que son mari va travailler ? — **h.** Comment accepte-t-elle cette décision ? — **i.** Comment est le ciel ce matin ? — **j.** Ses amis jouent aux cartes comment ?

196– a. Comment va ton père ? — **b.** Comment arrivez-vous à faire tout ça ? — **c.** Comment marche ta voiture ? — **d.** Comment vos amis canadiens arrivent-ils ? — **e.** Comment est ce film ? — **f.** Comment est son nouveau copain ? — **g.** Comment est-ce que marche cet appareil photo ? — **h.** Bénédicte conduit comment ? — **i.** Comment travaille Thomas ? — **j.** La mariée est comment ?

197– Phrases possibles : a. Combien coûte un melon ? — **b.** Les pommes, elles font combien ? / Ça fait combien le kilo de pommes ? — **c.** Ce vin, il fait combien ? — **d.** Il est à combien ce pull rouge ? — **e.** C'est combien les concombres ? — **f.** Combien ça fait ? / Combien je vous dois ? — **g.** Combien coûtent les huîtres ? — **h.** Ce sac, il fait combien ? — **i.** Combien coûtent deux litres — **j.** C'est combien une baguette ?

198– a. 7 — **b.** 9 — **c.** 5 — **d.** 1 — **e.** 8 — **f.** 3 — **g.** 2 — **h.** 6/7 — **i.** 4 — **j.** 10

199– a. quelle — **b.** Quels — **c.** quelle — **d.** quel — **e.** quels — **f.** quelles — **g.** Quel — **h.** quel — **i.** Quelles — **j.** quelle.

200– a. Quel âge / as-tu, avez-vous ? — **b.** Quel est / ton, votre numéro ? — **c.** Quelle est la puissance de votre — **d.** Quel est / ton, votre prénom ? — **e.** Quelles chaussures / Quel style de chaussures cherchez-vous ? — **f.** Quelle est votre adresse ? — **g.** Quels sports pratiques-tu ? — **h.** Quel disque écoutez-vous ? / Quel est le disque que tu écoutes ? — **i.** Quelles sont / tes, vos couleurs préférées ? — **j.** Quels auteurs préférez-vous ? / Quels sont vos auteurs préférés ?

201– a. 3 — **b.** 3 — **c.** 1 — **d.** 3 — **e.** 3 — **f.** 1 — **g.** 3 — **h.** 3 — **i.** 3 — **j.** 2.

202– a. 3/5 — **b.** 8 — **c.** 10 — **d.** 3 — **e.** 9 — **f.** 1 — **g.** 4 — **h.** 1/6 — **i.** 2 — **j.** 7.

203– a. pour — **b.** pour — **c.** pour — **d.** parce que — **e.** parce que — **f.** pour — **g.** pour — **h.** parce qu' — **i.** pour — **j.** parce que.

204– a. 1/3 — **b.** 3 — **c.** 1/3 — **d.** 3 — **e.** 2 — **f.** 2 — **g.** 1/3 — **h.** 2/3 — **i.** 3 — **j.** 2.

205– Phrases possibles : a. Je prends un thé — **b.** Monsieur et Madame — **c.** Je vous conseille le bœuf bourguignon — **d.** Parce que j'ai très faim. — **e.** À point — **f.** Il est de 1986 — **g.** Je vais prendre / Je prends une glace au café. — **h.** Il vient de Normandie — **i.** Ça fait 356 F en tout — **j.** Je paie par carte bancaire / bleue.

206– Bilan : Phrases possibles : 1. Comment est-il habillé ? / que porte-t-il ? — 2. D'où sort-il ? — 3. Il porte combien de sacs ? — 4. Comment est-ce qu'il traverse la cour ? — 5. Il entre où ? — 6. Quand ressort-il ? — 7. Qui ouvre la fenêtre ? — 8. Pourquoi doit-il aller chercher le traîneau ? — 9. Quelle heure est-il ? — 10. On est quel jour ?

XII. Les prépositions

207– a. au — **b.** à l' — **c.** au — **d.** à la — **e.** au — **f.** à la — **g.** au — **h.** au — **i.** à l' — **j.** à la.

208– 1. b/e/f — 2. a/g/i — 3. d/j — 4. c/h.

209– a. mairie — **b.** numéro 25 — **c.** "Écureuil" — **d.** centre commercial — **e.** maison des arts — **f.** cours d'art — **g.** concert — **h.** course de vélo — **i.** hôtel — **j.** cafétéria.

210– a. tu vas au Danemark — **b.** vous allez en — **c.** je vais en — **d.** il voyage en — **e.** nous allons en — **f.** elles voyagent en — **g.** tu vas au — **h.** je voyage en — **i.** vous allez en — **j.** on voyage au.

211– a. Elle est née au Chili, à Santiago. — **b.** Il est né au Canada, à Ottawa. — **c.** Il est né au Maroc, à Agadir. — **d.** Elle est née en Espagne, à Alicante. — **e.** Il est né en Russie, à Moscou. — **f.** Elle est née au Japon, à Kyoto. — **g.** Il est né en Argentine, à Buenos Aires. — **h.** Elle est née en Chine, à Pékin. — **i.** Elle est née en Australie, à Sidney. — **j.** Il est né au Portugal à Porto.

212– a. Au — **b.** en — **c.** aux — **d.** en — **e.** aux — **f.** en — **g.** en — **h.** Aux — **i.** au — **j.** En.

213– 1. d/g/h/j — 2. a/b/c/e/f/i

214– a. d' — **b.** du — **c.** d' — **d.** du — **e.** de — **f.** de — **g.** de — **h.** de — **i.** de — **j.** d'

215– a. des — **b.** d' — **c.** de — **d.** du — **e.** De — **f.** de — **g.** du — **h.** d' — **i.** d' — **j.** des.

216– a. à — **b.** de — **c.** de — **d.** à — **e.** à — **f.** de — **g.** de — **h.** à — **i.** de — **j.** à.

217– À conserver : a. de — **b.** à — **c.** de — **d.** à — **e.** de — **f.** de — **g.** à — **h.** de — **i.** à — **j.** à.

218– a. de — **b.** de — **c.** de la — **d.** d' — **e.** des — **f.** du — **g.** de — **h.** de l' — **i.** d' — **j.** de la.

219– Bilan : 1. au — 2. en — 3. à la — 4. de — 5. en — 6. du — 7. à — 8. en — 9. du — 10. en — 11. du — 12. au — 13. à l' — 14. à la — 15. de l' — 16. aux — 17. à — 18. à.

Index

Renvoi aux numéros d'exercices

N° d'éditeur : 10025405 - I - (10) - OSB-V - 80 — Dépôt légal : avril 1995
Imprimé en France par Pollina, 85400 Luçon - n° 67473